KB161403

스타트업 전쟁에서
살아남기

홍보의 마법,
스타트업 전쟁에서 살아남기

초판 1쇄 인쇄	2021년 9월 10일
초판 1쇄 발행	2021년 9월 17일

지은이	태윤정
펴낸이	최익성
편집	김지현
마케팅	송준기·임동건·임주성·강송희·신현아·홍국주·김태호·김아름
마케팅지원	황예지·신원기·박주현·이혜연·김미나·이현아·안보라
경영지원	이순미·임정혁
펴낸곳	플랜비디자인
디자인	책은우주다

출판등록	제2016-000001호
주소	화성시 동탄첨단산업1로 27 동탄IX타워
전화	031-8050-0508
팩스	02-2179-8994
이메일	planbdesigncompany@gmail.co

ISBN	ISBN 979-11-89580-96-4 03320

홍보의 마법

스타트업 전쟁에서 살아남기

태윤정 지음

 플랜비디자인

들어가며

한 해 전 추석 연휴에 시작했던 집필이 초여름까지 이어졌습니다. 그 사이에 두 번의 사고가 있었고 두 번째 사고는 수술까지 받아야 했습니다. 같은 해에 두 번의 뜻하지 않은 사고가 이어지면서 책을 쓰는 것도 두 번이나 중단하게 됐고 봄으로 계획했던 원고 완성도 여름으로 늦춰졌습니다. 진통과 불편함이 가져다주는 후유증과 약간의 우울함도 견뎌야 했습니다. 이 시간 동안 도대체 그분은 제게 어떤 깨달음을 주려고 두 번이나 시련을 주셨을까 저를 고요하게 들여다봤습니다. 예기치 못한 우연과 의지로는 제어할 수 없는 인생의 이변과 복병들을 제 삶의 몫으로 백 퍼센트 순순히 받아들이라는 뜻처럼 여겨졌습니다. 거기에 깃든 섭리를 스스로 헤아리고 결국 제 삶의 몫으로 만들라는 뜻이었는지도 모른다는 깨달음으로 이어졌습니다.

어쩌면 6년 전 스타트업과의 만남도 제게는 예기치 않은 이변이었습니다. 스타트업의 S도 모르는 제게 운명처럼 사고처럼 전격적이었기 때문입니다. 만일 그 운명의 시간이 없었다면 저는 어떤 사람으로 살고 있을까 하는 상상을 하기도 합니다. 아마도 더 이상 가슴 설레지 않고, 더 이상 배움의 의지가 생기지 않은 채 성장하려는 의지마저 사라진 삶, 가장 두려워하는 삶이 이어졌을지도 모르겠습니다. 하지만 6년 전 운명처럼 주어진 이변 덕분에 저는 이제 그 두려움에서 벗어났습니다. 매일 가슴 설레는 일들이 저를 기다리고, 매일 매 순간 배움으로 넓어지고 깊어지고 있습니다. 매 순간을 불태우고 시련에도 굴하지 않고 성장으로 증명하는 창업가들을 지켜보면서 용기를 얻고 단단해지고 있습니다. 성장 파트너로서 부끄럽지 않기 위해 치열함과 진심을 다하면서 큰 나무들 곁을 걷다 보니 어느 순간 고개를 돌려 봤을 때 한 뼘씩 키가 커져 있는 듯합니다.

최근 들어 6년 전 처음 스타트업계로 발을 들여놓았을 때와는 너무도 달라진 온도를 체감하고 있습니다. 국민 서비스가 된 스타트업들도 있고 전통산업을 전복시키고 새로운 질서를 만든 스타트업들도 있습니다. 안타깝게도 이용자의 마음을 얻지 못해서 시장에서 사라지고 만 스타트업들도 지켜봐야 했습니다. 이제 더 이상 스타트업은 한국 경제에서 대안적인 존재가 아닌 엄연한 메인스트림으로 자리 잡았습니다. 그리고 덩치가 커진 만큼 우리 사회 안에서 커뮤니케이션 영역과 책임도 커졌습니다. 즉, '마음의 전쟁'에 돌입했다고 해도 과언이 아닙니다. 기술과 혁신이 넘어야 할 첫 번째 허들은 바로 '마음'입니다. 이제 우리 경제와 산업의 메인스트림으로 자리매김하고 있는 스타트업들이 어떻게 마음의 전쟁을 이길 것인가 고민하고 준비해야 합니다. 그 고민과 준비의 과정에서 길이 보이지 않을 때 내미는 손길이 되고자 하는 저의 소박한 열망과 함께 제가 가진 작은 성장의 열매를 함께 나누고 싶은 의지를 담았습니다.

흔히 스타트업계에서는 대표가 해야 할 일이 세 가지라고 말하곤 합니다. PR과 HR 그리고 IR인데, PR과 HR만 잘하면 IR은 저절로 이어진다고도 말합니다. 그만큼 PR은 스타트업의 성장에 있어 가장 중요한 요소가 됐습니다. 홍보는 하고 싶지만 아직은 조직도 사람도 없어 어디서부터 시작해야 할지 몰라 엄두조차 내지 못하고 길을 헤매고 있을 스타트업을 위해 제 책이 나침반과 지도가 되었으면 합니다.

모자란 저를 믿고 의지하면서 제 진심에 손을 잡아 준 창업가들의 얼굴을 감사한 마음으로 떠올려 봅니다. 불덩이를 가슴에 안은 제게 가장 지혜로운 스텝이 되어 주는 회사 식구들의 얼굴도 함께 떠올려 봅니다. 그리고 제게 또 다른 파트너인 고마운 기자들의 이름도 불러 봅니다. 저에게는 모두 오늘을 있게 해 준 고마운 존재들입니다. 그리고 저를 위한 기도를 멈추지 않고 인간에 대한 예의를 몸소 가르쳐 주신 저의 어머니 양효선 여사와 언제나 온전한 제 편인 가족들에게 이 책을 바칩니다.

저는 내일도 모레도 다시 가슴 설레면서 배움의 바다로 가겠습니다. 돛을 올리고 파도와 싸워서 마침내 큰 바다에 닿게 될 그들의 손을 결코 놓지 않을 것입니다.

가을이 오는 길목 연희동에서

태윤정 올림

차례

Chapter 4

위기관리가 곧 실력

1장

스타트업 PR의
매력

태윤정 대표는 스파크랩뿐만 아니라 스파크랩이 투자해 온 170여 개 스타트업의 든든한 홍보 지원군으로서, 열정과 진정성을 바탕으로 그들의 성장을 도운 스타트업 홍보전문가이다. 그의 경험과 노하우가 그대로 담긴 책을 통해 스타트업들은 기본적인 홍보 역량을 키우는 것은 물론 본격적인 홍보 실전에 뛰어들 수 있는 자신감을 갖출 것이다.

■ 스파크랩 김유진 대표

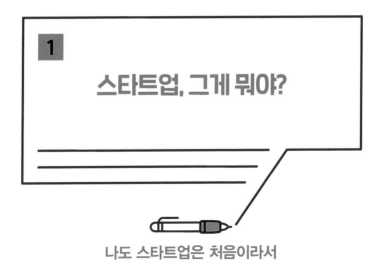

1

스타트업, 그게 뭐야?

나도 스타트업은 처음이라서

2014년 여름, 과학기술정보통신부⁽과기부⁾의 전신인 미래창조과학부⁽미래부⁾는 국정 과제인 이른바 '창조경제'의 주무 부처였고, 우리 회사는 정책의 손발이 되는 미래부 산하기관의 홍보를 맡고 있었다. 당시 방송계를 중심으로 tvN의 〈수퍼스타K〉로 인해 전국적인 오디션 열풍이 불기 시작했는데, 청와대 미래전략수석실이 주도하는 스타트업 오디션 프로그램이 추진되면서 방송 편성 및 프로그램 론칭 제안이 들어왔다. 다른 정부 부처의 정책 홍보 프로젝트에 비하면 예산 규모가 상당했다. KBS와 SBS에서 15년 가까이 방송작가를 한 덕분에 인적 네트워크를 갖추고 있었고,

15

우리 회사의 최대 강점이기도 한 방송사와의 네트워크를 활용할 절호의 기회였기에 놓칠 이유가 없었다.

그런데 문제가 생겼다. 내가 스타트업에 대해 아는 게 너무 없다는 사실이었다. 그때 《중앙일보》 일요판인 《중앙선데이》에 이나리 디캠프Dcamp(은행권 창업 재단이 설립한 스타트업 육성 재단) 센터장(현 헤이조이스 대표)이 연재하던 〈세상을 바꾸는 체인지 메이커〉가 떠올랐다. 매주 필독해 오던 '체인지 메이커' 이야기를 다시 밑줄을 쳐 가면서 읽고 관련 서적을 사서 독파하기 시작했다.

동시에 자문을 얻을 수 있는 국내 네트워크를 찾기 시작했고 스타트업계로 이끌어 줄 엑셀러레이터* '스파크랩SparkLabs'을 소개받게 됐다. 당시 스파크랩의 버나드 문 대표에게 무작정 메일을 보내며 소위 말하는 것처럼 '들이대다'시피 했는데, 나의 적극적인 구애가 통했는지 버나드 대표는 이한주, 김호민 공동 대표들을 소개하며 스파크랩 데모데이에도 초대하는 등 여러 가지 도움을 줬다. 여기서 얻은 정보로 기획안을 써서 KBS 기획제작국과의 편성 협의에 들어갔다. 그리고 단 3일 만에 편성을 확정받는 믿을 수 없는 일이 일어났다.

((🔔))

엑셀러레이터 초기 스타트업을 선발하고 투자와 함께 마케팅, 성장 전략, 네트워킹 등을 제공해 스타트업을 육성하는 회사.

그렇게 KBS에 제작팀이 구성되고 방송 제작의 첫발을 내딛었다. 하지만 여전한 문제가 있었다. 제작진이 나보다 더 스타트업을 모른다는 거였다. 일단 내가 읽은 자료들을 복사하고 책을 사서 안겨 주고 각종 스타트업 행사를 파악해서 제작진을 데리고 배우러 다니기 시작했다. 도대체 무슨 용기였는지 모르겠지만 경험이 전무한 내가 스타트업계에 손을 내밀자 한국엔젤투자협회 고영하 회장과 스파크랩 이한주 공동 대표가 그 손을 덥석 잡아 줬고, 두 분은 기꺼이 시간을 내서 몇 번이나 제작진을 방문해 자문해 주는 일을 마다하지 않았다.

이렇게 진행된 국내 최대 규모의 스타트업 서바이벌 프로젝트가 〈천지창조〉였다. 제작 담당은 KBS였지만 제작에 필요한 촬영을 준비하는 프리프로덕션Pre-production과 홍보, 정부와의 커뮤니케이션 등 제작을 제외한 모든 일은 우리가 맡았다. 처음 하는 스타트업 프로젝트치고는 너무 큰 프로젝트를 맡은 게 아닌가 싶었지만 바로 이 선택이 스타트업 생태계에 본격적으로 뛰어들게 한 가장 결정적인 기회였다.

오디션 프로그램은 도전하는 출연자 못지않게 심사위원단 구성도 흥행의 필수 요소다. 〈슈퍼스타K〉에서 "제 점수는요~!"로 대표되는 까칠한 독설과 직관적인 촌철살인 명언으로 흥행 치트키가 된 가수 이승철처럼 스타트업계에도 스타 심사위원이 필요

17

했다. 이런 이유로 고영하 회장과 이한주 대표, 1세대 벤처기업인인 장흥순 대표의 도움을 받아 심사위원 리스트를 만들고 제작진들과 함께 미팅을 다니면서 자연스럽게 스타트업 및 벤처캐피털˙ 대표들과의 인연을 맺었다.

스타트업 오디션 프로그램 전 방송된 두 편의 강연 프로그램 역시 제작 외 모든 과정을 우리 회사에서 준비했다. 이때 스타트업 초기 투자자로 유명한 DFJ의 팀 드레이퍼 회장과 에어비앤비의 네이션 블레차르치크 공동 대표를 직접 섭외하고, 함께 콘텐츠를 만들고 조율하면서 글로벌 스타트업이 만든 혁신의 핵심을 파악하는 너무도 소중한 인사이트를 얻었다. 이듬해에는 한국계 최초로 나스닥에 상장을 한 핏빗Fitbit의 제임스 박을 섭외해 디캠프에서 강연하고 이 강연을 KBS에 편성하는가 하면, 정부 부처의 요청으로 무려 네 편의 관련 다큐멘터리 기획과 편성을 하고 프리프로덕션과 홍보에 참여하면서, 저벅저벅 본격적으로 스타트업계로 걸어 들어가게 됐다.

생각해 보면 무모하기도 하고 당돌하기도 했다. 스타트업의 S도 모르는 내가 어떻게 스타트업 오디션 같은 대형 프로젝트를

((🎙️))
벤처캐피털 성장 가능성이 높지만 리스크가 큰 스타트업이나 벤처기업에 전문적으로 투자하는 회사.

덥석 맡겠다고 사고를 치고, 그 후로 미친 듯이 배우고 스타트업 관계자들을 찾아다니며 자문을 구했는지 모르겠다. 무엇이 나를 그토록 스타트업에 빠지고 몰두하게 했는지 되돌아보면서 누가 시장의 질서를 만들고 혁신의 주체가 될지에 대해 자연스럽게 깨닫게 됐다. 파괴적 혁신Disruptive Innovation의 중심에 있는 스타트업을 지켜보면서 나에게도 잠재된 열망의 불씨가 번진 것 같다.

스타트업 초년생 같은 내게 기꺼이 시간을 내주고 도움을 주었던 스타트업계 대표들 덕분에 인연의 씨앗이 커져 결국 우리 회사의 운명이 바뀌는 계기가 됐다. 지금은 어엿한 성장 파트너로 함께하게 됐으니 어쩌면 기적은 이런 것을 두고 말하는지도 모르겠다.

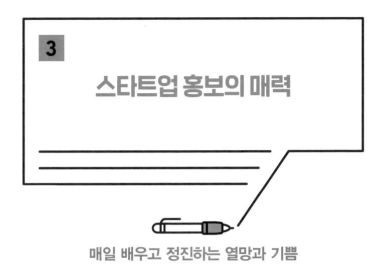

3

스타트업 홍보의 매력

매일 배우고 정진하는 열망과 기쁨

2008년 회사를 설립하고 십여 년 가까이 우리 회사의 주요 비즈니스 영역은 정부 정책 홍보였다. 거의 모든 중앙 부처와 주요 산하기관의 홍보를 수행했다. 그런데 정책 홍보를 하는 십여 년을 솔직히 말하자면, '몸에서 사리가 나올 것만 같다'라는 표현으로 대신하고 싶다. 정부 입찰 단계의 첫 시작인 제안요청서^{RFP, Request for Proposal}를 쓸 때부터 대행사의 역량을 펼칠 수 있는 범위를 대부분 제한하고 국민의 눈높이와 맞지 않는 고답적인 홍보를 매년 반복해야 했기 때문이다. 여기서 가장 힘들었던 점은 공무원들과의 커뮤니케이션이었다. 그래도 중앙 부처는 최소한의 품격을 지키기 위해 조심하기라도 하는데, 산하기관의 태도는 갑질의 전형이었다. 정책수립과 예산, 규제까지 너무도 거대한 힘을 갖고 있다 보니 국민 정서와 생활방식이 변화되는데도 정부와 산하기관은 변화할 이유가 별로 없기 때문이다. 십여 년 정책 홍보를 하면서 회사의 레퍼런스는 쌓였을지 몰라도 나도 모르게 절대로 바뀌지 않을 현실이 거듭되면서 입이 거칠어지고 적잖이 지쳐 있었던 것 같다. 그런데 스타트업 홍보를 시작한 이후부터 나는 마치 다른 사람이 된 것 같다. 내 안에 들끓고 있던 열망이 되살아나는 것을 시시각각 느끼게 한다. 도대체 무엇이 나를 다시 가슴 뛰게 하는 걸까?

"대표님, 저희 팁스˙ 선정됐어요!" "방금 투자 사인하고 나왔어요!" "저희 수주했어요!" "선을만나다 덕분에 요즘 채용이 너무 잘되고 있어요!"

최근 몇 년간 수시로 고객사 대표들에게 이런저런 감사 인사

((🔔))

팁스TIPS, Tech Incubator Program for Startup Korea 중기부 지원으로 기술력을 가진 창업팀을 민간 주도로 선발하고 엔젤투자社, 초기전문 VC, 기술 대기업 등을 운영사로 지정해 엔젤투자 · 멘토링과 함께 R&D자금 등을 매칭해 일괄 지원하는 프로그램.

를 받는다. 무엇보다도 고객사들이 기쁨의 순간에 우리를 떠올릴 만큼 연대감을 느낄 수 있는 믿을 만한 존재가 됐고, 우리 회사 목표인 진짜 '성장 파트너'로 자리매김하고 있구나 싶어서 가슴 벅차오르고 있다. 고객사 성장에 기뻐하는 나를 두고 스파크랩의 김호민 대표는 "드디어 마약을 맞았구만, 이거 오래가는데…….' 라는 우스갯소리를 하곤 한다. 그만큼 성장의 한 부분이 된다는 기쁨은 한번 경험하게 되면 좀처럼 헤어나올 수 없다. 이게 바로 스타트업 홍보의 첫 번째 기쁨이 아닐까 싶다.

한편 돌이켜보면 어처구니없는 기우였지만, 삼사십 대의 나는 지금의 나이쯤 되면 열망도 사라지고 더 이상 가슴 설레지도 않고 모든 일이 시시해질까 봐 미루어 짐작하고 두려워했던 적이 있다. 그런데 스타트업 홍보를 하면서 매일매일 너무도 배울 것이 많아서 가슴 설레고, 하루하루 조금씩 성장하고 있어서 스스로 놀라고 있다. 특히 IT 기술의 발전과 트렌드 변화가 너무 빠르기 때문에 이 속도를 따라잡기 위해서 항상 읽고 배울 수밖에 없다. 감사하게도 요즘은 큐레이션된 양질의 정보를 웹과 소셜미디어로 접할 수 있게 된 덕분에 엄청난 노력을 기울이지 않고도 순간순간 배움의 기회가 주어진다.

이런 환경적 요소 외에도 스타트업 홍보는 빠르고 방대한 지식의 습득을 요구한다. 일반적으로 하나의 고객사를 홍보하기 위해 만나야 할 기자단이 세 개 그룹 정도가 된다. 스타트업 담당 기자단은 기본으로 접촉해야 하고 고객사가 속한 산업군의 기자들도 접촉해야만 한다. 수많은 정보를 접하는 기자들을 만나 대화를 나누고 설득하려면 그만큼 준비는 필수다. 다행스럽게도 지적 열망이 강한 성향 덕분에 매일 배우고 익힐 수 있는 기회에 희열을 느낀다. 고객사를 위해 좀 더 좋은 메시지와 정보를 전달하려고 고민하고 눈빛을 반짝이는 시간과 과정들 덕분에 나는 조금 덜 나이 들고 아직도 가슴 설레는 순간들을 선물로 받고 있다. 이 순간들이 바로 스타트업 홍보의 두 번째 기쁨이다.

마지막으로 스타트업의 세 번째 기쁨은, 수시로 배움과 가르침을 주는 스승을 만난다는 사실이다. 언제부턴가 "'존경'이란 단어는 참으로 가까이에 있구나!" 하고 감탄하는 경험을 하고 있다. 고객사 대표들을 만나다 보면 존경심이 자연스럽게 생겨나기 때문이다. 그들이 인간적으로 완벽해서도 아니고 성장의 과정에서는 어떤 고통을 견뎌내고 있는지 너무도 잘 알기에 부럽다고 할 수도 없지만, 그들은 '0'에서 시작해 '일만' '수백만'을 창조해 내고 있다. 이해관계자들을 설득하고 혁신의 지점을 만들어 내고 있는 그들은 아직 나이는 어리지만 웬만한 시련에는 좀처럼 좌절하지 않는다. 어떻게 그렇게 단단하고 용기 있는지 감탄과 놀라움의 연속이다. 이런 그들을 지켜보면서 가끔은 '나는 그 나이에

어땠었지?' 하고 스스로를 비춰 보게도 한다. 그들을 가까이에서 만나고 배울 수 있는 행운은 스타트업 홍보에서 주어지는 최대의 특권이다.

특히 스파크랩 공동 대표이기도 한 베스핀글로벌의 이한주 대표는 내게 아주 각별한 의미를 지닌다. 이한주 대표를 통해 DT 또는 DX라고 지칭하는 디지털 트랜스포메이션^{Digital Transformation(디지털 전환)}에 대한 시각 자체가 새롭게 정립됐다. 단순히 IT 기술의 발전이 아니라 IT 기술이 질서를 만들고 있고 생존의 열쇠임을 자각하게 된다. 미국과 중국의 디지털 패권전쟁과 거대한 흐름에서 살아남을 수 있는 한국의 잠재력과 전략, 기술과 사회의 커뮤니케이션 등 그에게서 너무도 깊은 인사이트를 얻고 있다. 한편 이 대표는 진정한 디지털 트랜스포메이션을 위해서는 PPT, 즉 사람^{Person}, 철학^{Philosopy}, 방법론^{Tool} 이렇게 삼박자가 함께해야 한다고 강조하는데, 대한민국에서 이런 인사이트를 줄 수 있는 기업인이 몇이나 있을까 싶다. 어디에서도 배울 수 없는 가르침을 일을 통해 배우게 되다니 창업자들은 아주 가까이에 있는 '큰^{Great} 바위 얼굴'과도 같은 존재들이다. 이처럼 내게 고객사 대표들은 '존경'이란 단어가 무엇인지 일깨워 주고 있다.

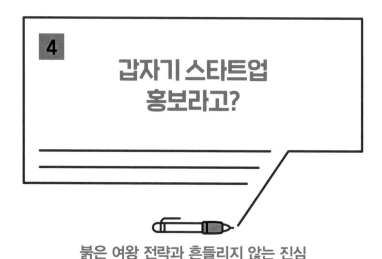

4

갑자기 스타트업
홍보라고?

붉은 여왕 전략과 흔들리지 않는 진심

십여 년 가까이 주요 비즈니스 모델이었던 정부 정책 홍보에서 탈피해 과감하게 회사의 방향을 전환하게 된 계기는 뭐였을까? 단순히 고답적인 업무 프로세스에서 오는 매너리즘이었다면 나는 더 버텼을지도 모른다. 그런데 갈수록 대형 홍보대행사뿐만 아니라 대형 광고사들과 신문·방송사들까지 뛰어들어 저가 출혈경쟁이 난무해졌다.

실제로 정책 홍보로 몸집을 키운 모 대형 대행사는 경영 부실에 저가 경쟁으로 악명을 날리다가 2017년에 파산하는 일까지 생겨났다. 더욱이 정부 부처에서는 아이디어가 뛰어나고 실행력이 있는 대행사보다는 규모가 크고 유명한 대행사를 선호했다. 우리는 이를 타개하기 위해 대형 에이전시와 컨소시엄(협력)을 맺고 프로젝트를 수주하는 일이 많아졌다. 그런데 우리가 반짝이는 아이디어를 제안해서 심사위원에게 높은 점수를 받아도, 결국은 덩치를 앞세운 대형 대행사가 있어야만 승부를 볼 수 있는 경우가 해가 갈수록 많아졌다. 심지어 모 대기업 계열의 종합 광고대행사의 경우 우리의 아이디어를 그대로 베껴서 입찰을 따내는 대신 하청을 받도록 강요하기도 했다. 더욱이 2016년부터 2018년 사이에 홍보대행사들은 몸집 불리기를 위해 서로서로 합종연횡에 들어가는가 하면 모든 조직을 디지털 PR 중심으로 개편했다.

정책 홍보로 승부하던 우리는 어디에도 설 자리가 없는 것 같았다. 미래가 보이지 않는 것은 고사하고 생존의 위협이 다가오는 것만 같아서 잠이 오지 않았고 새벽에 깨어나 우두커니 어둠 속에 앉아 있는 날이 많아졌다.

다행히 2014년 미래창조과학부의 스타트업 오디션을 통해 스타트업에 발을 딛고, 2016년 스파크랩 홍보 대행을 맡으면서 본격적으로 스타트업 홍보에 진입하기 시작했다. 베스핀글로벌과 센트비 등 고객사도 늘어나고 있었다. 하지만 회사 전체 매출에서 차지하는 비중이 적어서 예산 규모가 큰 정책 홍보를 병행해야만 했다. 길이 보이지 않는 나날은 계속됐다.

2018년 겨울, 《중앙일보》 사내 스타트업 플랫폼 폴인[fol:in]이 설립 6년 만에 흑자전환을 하고, 〈뉴스룸〉으로 위상을 변화시킨 JTBC의 성공을 다룬 프로젝트가 시작됐다. 일반적으로 방송사는 설립 후 7~8년 사이의 회수할 수 없는 지출을 매몰비용으로 여기는 데다, 최순실 사태 이후 언론사에는 생명줄이나 같은 삼성 광고가 전면적으로 중단된 상태에서 이룬 흑자전환이기에 의미가 깊었다.

이때 연세대학교 경영대학원 이무원 교수가 주도하는 〈브랜드의 품격: JTBC 뉴스룸이 다르게 앞서가는 법〉에서 전형적인 레드오션으로 인식되는 방송 뉴스에 뛰어들어 자신만의 브랜드를 만들어 낸 JTBC 뉴스룸의 성공 전략을 경영학적 관점에서 분석해 연재했다. 방송작가 시절부터 선망의 대상이었던 손석희 앵커가 만든 JTBC 뉴스룸이었고, 거의 매일 JTBC 뉴스를 본방 사수할 만큼 좋아하고 관심이 많았던 터라 여덟 개 챕터를 순식간에 읽었다.

그리고 이듬해인 2019년 2월, 손석희 사장과 김필규 기자, 이무원 교수가 참여하는 오프라인 행사에 초대받는 기회를 얻었다. 현장에서 〈뉴스룸〉의 브랜드를 만들어 낸 주인공의 생생한 경험담에 전율이 일었다. 패널들의 이야기에 따르면 손석희 사장은 '우리는 지상파 뉴스도, 종편 뉴스도 아닌 JTBC 뉴스'라고 선언

하며 브랜드를 정립했다고 한다. 이 프로젝트에서 이무원 교수는 JTBC의 브랜딩을 '붉은 여왕 전략'으로 분석했다. 스탠퍼드 대학교의 윌리엄 바넷 교수가 말한 붉은 여왕 전략은 블루오션전략과 대비되는 개념으로, '경쟁을 피하지 않고 시장의 강자들과 경쟁하고 전면전을 펼치면서 끊임없이 진화해야 한다'는 메시지를 준다.

손석희 앵커가 제시한 JTBC 뉴스룸의 브랜드 전략을 마주하면서 마치 망치로 머리를 맞은 것 같은 충격을 다시 한번 느꼈다. 우리가 찾던 해답이 바로 여기에 있었기 때문이다. 우리는 대형 홍보대행사와 경쟁할 수 없다. 그리고 체급이 비슷한 홍보대행사와도 경쟁하지 않고 우리만이 잘할 수 있는 비즈니스 분야로 차별화해야만 한다. 마치 설립 10년도 안 된 쿠팡과 배달의민족이 유통의 모든 질서를 바꿔 놓았듯이 폭발하는 스타트업이 우리의 생존과 성장의 열쇠가 될 것임을 비로소 깨달았다. 그 순간 우리 회사의 목표를 '가장 유니크한 홍보대행사'로 잡았다. 벤처캐피털과 엑셀러레이터를 비롯해 개별 스타트업 고객사까지 스타트업 생태계의 모든 플레이어들을 홍보하면서 그들이 가진 특성과 생태계를 이해하는 홍보대행사로 견고해지는 것이야말로 그 어떤 대형 홍보대행사에서도 가질 수 없는 가장 유니크한 경쟁력이 될 것이라는 확신이 들었다. 그리고 두 해 반이 지나도록 이 확신은 단 한 번도 흔들리지 않고 더욱 확고해졌다.

붉은 여왕 전략으로 진심을 다한 결과, 현재 우리 회사와 한 번 계약한 고객사들과 4~5년 이상 계약관계를 지속시키고 있다. 2016년부터 시작해서 아직도 우리의 고객사로 남아 있는 스파크랩, 2017년 1월 계약 당시 100명이 채 되지 않았지만 현재 한국 법인만 1천 명이 넘는 베스핀글로벌이 대표적이다. 심지어 모 고객사 계약조항에는 '이의가 없는 한 대행을 계속한다'는 단서 조항이 있는 경우가 있기도 하다. 우리의 철학과 목표는 지금도 그리고 앞으로도 우리 회사의 가장 독보적이고 차별화된 경쟁력이 될 것이라고 감히 자부하고 있다.

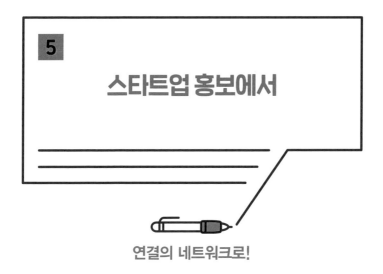

5

스타트업 홍보에서

연결의 네트워크로!

스타트업계에서 가장 자주 쓰는 키워드가 '사람'과 '네트워크'다. 아무리 뛰어난 기술과 서비스를 개발하더라도 결국 사람에 의해서 구현되고, 결국 의지를 함께하는 관계에서 성장에 필요한 자원을 얻기 때문이다. 스타트업 홍보에 매진한 지 햇수로 7년째, 언론을 대상으로 하는 퍼블리시티 홍보를 주 영역으로 하고 있지만, 홍보의 영역은 갈수록 넓어지고 있는 듯하다. 스타트업이 대기업처럼 조직이 탄탄한 편이 아니고 핵심 역량에만 집중하다 보니, 아무래도 미흡한 영역이 있기 마련이라 방송과 정책 홍보를 오랫동안 해 온 나만의 경험이 고객사를 위한 업무 영역으로 확장되는 일이 꽤 있다.

예를 들면, 엑셀러레이팅을 하는 스파크랩 홍보를 하면서 1년에 20개 팀 가까이 만나고 있는데 아무래도 초기 스타트업이다 보니 이들을 벤처캐피털에서 투자 검토할 수 있도록 소개하는 일이 종종 생긴다. 우리 기사를 본 후에 고객사에 투자 의사를 밝혀서 연결되는 경우도 있고, 고객사가 벤처캐피털과의 투자 검토를 요청하면 투자를 유치하는 데 기여하기도 한다. 아무래도 여러 스타트업을 만나다 보니 그들의 경쟁력과 차별성을 파악하게 되고, 벤처캐피털 홍보를 통해 '하우스'라고 불리는 투자사의 특징이나 펀드 조성, 심사 역의 특징을 알게 되면서 자연스럽게 시너지효과가 날 수 있는 교집합을 체득하게 된다. 실제로 모 환경 스타트업을 고객사인 벤처캐피털과 연결해서 투자를 받게 했고, 2020년 중반 후속 투자도 이루어져서 200억 원 투자에 기업가치 1천억 원의 스타트업으로 성장하는 것을 지켜봤다. 또 지난 3년간 함께한 헬스케어 스타트업을 벤처캐피털에 소개했는데, 이 스타트업이 2022년 IPO를 하면서 해당 벤처캐피털에서는 처음으로 IPO를 하는 투자 포트폴리오가 생겨나게 됐다. 이렇

IPO Initial Public Offering 기업의 주식 및 경영 공개.

게 벤처캐피털과 스타트업을 연결하면서 투자를 받고 서로 성장하는 모습을 지켜보면서, 우리 회사의 수익으로 직접 연결되지는 않지만 다른 홍보대행사에서는 갖고 있지 못한 '스타트업 네트워크'로 차별성과 경쟁력을 더해 가고 있다.

한편, 타다 사태 이후 스타트업계는 기술과 서비스 못지않게 정책과 입법을 둘러싼 환경이 얼마나 중요한지 체감하는 중이다. 이에 쿠팡과 배달의민족, 토스 같은 유니콘 스타트업들은 일제히 대관 업무* 조직을 강화하고 있다. 하지만 대부분의 스타트업에는 대관 조직이 부재하고 인원도 없기 마련이다. 이런 상황에서 고객사와 정규 미팅을 하다 보면 규제 해소와 정책 환경 개선을 위해 정부 부처와 국회와의 관계가 불가피한 경우가 종종 있다. 다행히 정부 정책 홍보를 8년 가까이 하면서 관료 사회의 특성을 파악하고 네트워크를 갖추고 있었다. 회사 설립 초기 정치인 미디어트레이닝* 경험 덕분에 국회와의 네트워크를 자연스럽게 형성한 터라 대관 업무에도 관여할 수 있게 됐다. 실제로 고객사의 입법 환경 조성을 위해 국회의원실에서 특정 주제를 갖고 전문가

((🔔))

대관 업무 정부 부처와 국회를 대상으로 기업을 위한 입법과 정책 수립을 위해 접촉하고 설득하는 업무.
미디어트레이닝 미디어 노출을 위해 메시지를 컨설팅하고 인터뷰를 연습하는 과정.

들을 초청해 입법에 대한 의견을 묻는 국회 간담회 등을 주선하고 해당 상임위 의원들과 입법의 숨은 주인공들이 모이는 국회 보좌관 스터디* 모임에도 고객사들이 참여할 수 있도록 일부 진행하고 있다. 또 오랫동안 정부 부처 고위 관료를 역임한 분들의 경험이 스타트업에 도움이 될 수 있도록 연결하고 있다. 조직과 인원이 부족한 스타트업들을 위한 홍보 외의 업무에도 참여하게 되면서, 홍보를 뛰어넘어 대관까지 우리 회사의 영역이 확장되고 있다.

((🔔))

국회 보좌관 스터디 전문지식을 얻기 위해 국회 보좌관들이 전문가를 초청해 특정 영역과 이슈에 대해 배우는 모임.

홍보의 마법, 스타트업 전쟁에서 살아남기

Start up!

스타트업 PR,
언제 누구와 할까?

새롭게 시작하는 스타트업의 멤버들에게 PR이라는 일은 피하고 싶
고 두려운 분야일 수 있다. 본인의 업을 '대행'이 아니라 '파트너'라고
정의하고, 각기 다른 스타트업의 차별성을 언론 혹은 제삼자의 관점
에서 바라보게 도와주는 마스터의 관점이 담긴 책이다.

■ 스마트스터디 이승규 공동창업자

1 우리를 설득해 보세요

스타트업 초기 대부분의 관계자들이 공통적으로 하는 고민이 있다. "스타트업 홍보는 언제 본격적으로 시작해야 할까?" "바로 지금이 우리가 홍보해야 할 시점일까?" "아직은 너무 이르지 않을까?" 이런 고민 끝에 조금 일찍 시작하는 스타트업도 있고, 조금 늦게 시작하는 스타트업도 있다. 시기에 정답은 없지만 한 가지 분명한 점은 적기에 홍보를 시작하게 되면 성장하는 데 엄청난 도움이 된다는 것이다. 마치 성장기 동안 영양가 있는 음식과 좋은 운동으로 키가 쑥쑥 커지는 것과 유사하다.

　스타트업이 퍼블리시티 홍보(언론 홍보)를 하기에 가장 좋은 시점은 개발과 브랜딩을 어느 정도 마친 상태다. 2020년 봄, 6개월 정도 홍보를 하다가 중단한 스타트업 A를 통해 살펴볼 수 있다. 우리의 고객사였던 A는 혁신의 사각지대였던 산후조리원을 플랫폼화하는 서비스를 제공하고 있었다. 일생에 한두 번 정도 이용하는 산후조리원 속성상 상당히 고가일 수밖에 없고, 정보의 비대칭성이 높아서 소비자는 해당 서비스에 대한 정보를 찾기 어려워 검색의 블랙홀에 빠질 수밖에 없는 전형적인 '레몬마켓'이었다. 그 산업을 둘러싼 부수적인 시장도 상당히 컸지만 이 역시 정보의 비대칭성이 상당히 높았다. 그만큼 혁신과 성장의 가능성이 높은 분야이기도 했다. A 대표와는 오래전부터 알고 지낸 관계로 직접 찾아와서 홍보를 요청하는 바람에 조금은 불안해하면서도 대행을 맡게 되었다.

　안타깝게도 홍보를 시작할 때의 막연한 불안감이 시간이 지나면서 점점 확신이 되고 있었다. 스타트업 홍보는 우리가 맡은 스타트업과 그 가치에 대해 우리 스스로 설득당해야만 좋은 기획을 하고 기자들을 설득할 수 있다. 그런데 스타트업 A의 설립 명분에는 충분히 공감하지만, 내부적으로는 서비스 개발도 브랜딩도 부족한 상태였다. 서비스 개발이 덜된 A사의 플랫폼에 들어올 해당 시설과 서비스를 플랫폼 내에서 통일된 UX˙와 UI˙로 연결시켜 놓지 못했다. 사정이 이렇다 보니 기자들을 만나 설명할 때도 서비스를 클릭해 한눈에 보여 줄 수 없었고, 자연스럽게 실제 성이 떨어지면서 항상 말로 떼울 수밖에 없어 설득 효과가 떨어졌다. 수시로 새로운 서비스를 선보이고 있었지만 완성도가 떨어져서 서비스명이 바뀌다가 급기야 서비스를 중단하는 사례도 있었다. 한마디로 비전은 있지만 그 비전을 뒷받침할 만한 구체적인 실체는 부족했던 것이다.

기자 미팅을 하고 보도자료를 내고 기사를 쓸 때마다 나부터 A사의 서비스에 대한 설득이 되지 않아서 불안감이 커졌다. 혹시라도 어떤 기자가 마음먹고 달려들어서 제대로 파헤치기라도 한다면 이 서비스의 불완전함이 그대로 드러날 것은 뻔했고, 기사를 본 소비자들이 불만을 제기하기라도 할까 봐 항상 조마조마했다. 만약 그런 상황이 발생한다면 우리 회사에 대한 신뢰도 역시 떨어질 가능성이 높았다. 우리는 결국 6개월 만에 이 회사의 홍보대행 서비스를 중단하기로 결론 내렸다. 대표를 만나 브랜딩과 개발 완성도가 높아지면 다시 홍보를 진행하자는 말을 남기고 손을 놓고야 말았다.

((🔊))

UX^{User Experience} 사용자가 어떤 제품, 시스템, 서비스 등을 직간접적으로 이용하면서 느끼는 반응과 행동 같은 경험을 총체적으로 설계하는 작업.
*UI^{User Interface} 사용자가 제품을 어떤 방식으로 이용하도록 만드느냐를 디자인하는 것. 사용자가 실제로 마주하게 될 디자인, 레이아웃 등을 아우르는 개념.

넘쳐나는 기사에 경쟁이 치열해진 미디어 생태계와 예리한 기자들의 특성을 나부터도 잘 알고 있기에 스타트업 A의 사례처럼 완성도 높은 개발과 브랜딩이 뒷받침되지 않은 단계에서의 홍보는 과유불급이라는 걸 다시 한번 깨닫게 됐다. 개발과 브랜딩 완성 단계를 거쳐야 미디어의 검증을 이겨내고 퍼블리시티 홍보를 통한 시장의 신뢰를 얻을 수 있다.

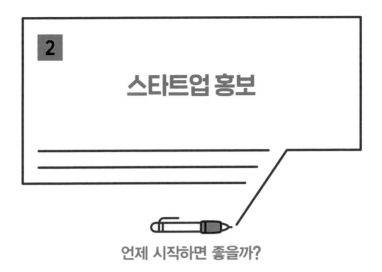

2

스타트업 홍보

언제 시작하면 좋을까?

2020년 가을, 우리와 함께하게 된 모토브^{motov}도 홍보에 대한 큰 시사점을 준다. 모토브는 택시에 광고판을 달고 운행하면서 이 광고판에 부착된 30여 개의 IoT(사물인터넷) 센서로 도시의 데이터들을 모으는 기술을 가진 스타트업이다. 특히 골목길까지 들어가는 택시의 특성을 잘 활용해 도시 안전과 기후 등 스마트시티[*]의 기본이 되는 데이터를 모으는 기술을 개발하고 이미 서울과 인

((🔔))

스마트시티 디지털 기술을 이용해 도시의 주요 기능을 네트워킹하는 첨단 도시.

천, 대전 등지에서 서비스를 하는 상태에서 우리 회사가 홍보를 맡았다.

그런데 거대 자본과 네트워크를 가진 한 플랫폼 기업이 이 영역을 호시탐탐 노리고 있었다. 우리 고객사의 기술력은 이미 2년 정도 앞서갔지만 상대는 높은 자본력과 기술력을 가졌기에 마음만 먹으면 언제든지 서비스를 따라잡거나 베낄 가능성이 상당히 높았고 창업자는 불안감을 호소했다. 일단 하루빨리 모토브의 서비스를 이용하는 택시 수가 늘어나야 하고, 도시 데이터를 활용하는 광역시 및 자치단체가 많아지는 것이 급선무였다.

우리는 2019년 타다 사태 이후로 갈등의 대상이었던 택시업계와의 상생의 프레임을 형성하는 것에 주력했다. 복잡하고 특수했던 택시업계의 정서를 감안해서 서비스가 택시 기사들의 수익에 어떤 도움이 되는지를 알리는 한편, 이 서비스를 도입한 지자체의 사례를 통해 스마트시티에 가장 필요한 데이터를 모으는 기술이라는 점을 알려 두 마리 토끼 잡기에 주력했다. 일단 좋은 기사로 인지도가 높아지고 덩치가 커져 보이게 되면, 아무리 거대기업의 플랫폼이라 할지라도 함부로 기술을 베낄 경우 사회적 비난이 거셀 것이 분명하기 때문이다. 앞서 실리콘밸리 스타트업과 우버가 이러한 서비스를 하고 있기에 언젠가는 유사한 기술을 개발할 가능성을 배제하지는 못해도 기술의 격차를 벌릴 수 있는 시간을 벌 수는 있었다. 이러한 이유로 여론의 힘을 형성하는 것이 시급했다. 모토브에 투자한 벤처캐피털에서는 홍보의 필요성을 느껴 피투자사인 모토브를 설득했고 대표와 임원진들 역시 같은 니즈를 갖고 있었기에 우리 회사의 홍보 서비스를 시작하게 됐다.

이처럼 거대 기업과 경쟁 구도에 놓인 스타트업의 경우, 인지도와 여론의 신뢰를 키우며 일종의 체급을 얻게 되면 타사에서는 베끼기를 시도하기 어렵기 때문에 개발과 브랜딩이 완료됐다면 홍보를 시작해야 할 가장 적확한 시기가 아닐까 한다. 일반 소비자들을 대상으로 하는 컨슈머 IT 서비스의 경우 서비스 개발과 브랜딩이 완성도를 갖췄을 때 홍보를 시작해야 하지만, 기업을 대상으로 하는 B2B 서비스의 경우 기술 개발이 일정 수준에 오른 상태에서 미디어에서 인정하는 기업 고객사가 생겨날 때 하는 것이 바람직하다.

베스핀글로벌은 창업 6개월도 채 되지 않아 홍보를 시작했고, 업스테이지는 설립과 동시에 홍보를 시작했다. 두 회사 모두 기업 고객을 대상으로 하기에 기업의 기술경쟁력과 고객사의 사례를 언론을 통해 알리고 이를 통해서 다른 고객들을 수주하는 일종의 미디어 레퍼런스를 확보할 수 있었다. 특히 고도의 기술력을 가진 B2B 딥테크 스타트업의 경우, 기술력 자체에 대해서는

49

기사를 통해 전달하는 것이 한계가 있기 때문에 기술력의 정점에 있는 대표들이 그 자체로 기업의 메시지가 되는 경우가 많다. 때문에 업계에서는 회사의 서비스 못지않게 각 창업자 대표의 스타성을 부각시키기도 한다.

한 예로 AI 트랜스포메이션 스타트업인 업스테이지는 설립 단계부터 스타트업계에서 엄청난 화제를 모았는데, 네이버 AI 개발을 총괄하던 김성훈 대표와 네이버 AI의 영상 및 문자 인식 전문가들이 한자리에 모인 그야말로 AI 어벤져스였기 때문이다. 업스테이지는 AI 기술이 필요한 기업을 진단하고 어떤 분야에서 AI를 적용하면 좋을지 문제 정의부터 시작해 실제 비즈니스에 적용시킬 기술을 만들고 기업 내부에서 AI 기술을 운영하는 인력도 양성하는 등 기업이 보유한 IT 자원을 AI 기반으로 전환하는 AI 트랜스포메이션을 하는 비즈니스를 내세워 적극적인 홍보에 나섰다.

이처럼 베스핀글로벌과 업스테이지 모두 창업자들이 전면에 나서서 회사의 경쟁력과 차별성을 미디어에 지속적으로 전달하는 방식을 택했다. 이와 함께 언론이 선호하는 거대 고객사 사례나 글로벌 진출 사례를 통해 해당 스타트업의 기술과 서비스를 이용해야 하는 이유를 기사를 통해 알렸다.

홍보는 '남들이 하니까' '경쟁사들이 홍보를 하기 때문에' 하

홍보의 마법, 스타트업 전쟁에서 살아남기

는 것이 아니다. 현재 우리 회사가 홍보를 할 수 있는 단계인지 파악하고, 무엇 때문에 홍보를 시작해야 하는지를 명확하게 점검하고 시작해야 한다. 그래야 홍보를 성장의 마중물로 삼을 수 있기 때문이다.

성장 파트너로서
존중하고 헤아리기

가끔 홍보를 의뢰하면서 "견적부터 주세요!"라고 말하는 스타트업들도 있는데 이런 스타트업들은 정중하게 거절하는 편이다. 함께 손잡고 성장할 자세가 갖춰져 있는가를 중요시하기 때문이다. 우리는 첫 미팅을 하면서 대표들과 함께 아주 솔직하고 깊은 면담을 한다. 이런 대화를 통해 해당 스타트업에 대한 이해와 고민을 충분히 파악하고 우리가 어떻게 도움을 줄 수 있는지 헤아리는 과정을 거친다. 그리고 면담 내용과 우리 회사 내부의 워크숍을 통해서 미션과 목표, 메시지가 담긴 제안서를 제출하고 업무 영역과 예산을 상호 협의한다. 이런 일련의 과정 없이 다짜고

짜 견적부터 요구하는 스타트업에서는 우리를 성장 파트너로 인정할 가능성이 아무래도 희박할 수밖에 없기에 처음부터 인연을 맺지 않는 것이 바람직하다는 것이 우리 회사 식구들의 뜻이기도 하다.

우리의 고객사나 수주 상담을 했던 고객사들 중에는 홍보대행사 트라우마를 갖고 있는 곳이 종종 있다. 특히 해외 유학을 한 경험이 있거나 글로벌기업에서 근무했던 대표들은 처음에는 글로벌 홍보대행사나 대형 홍보대행사를 선호하는 경우가 대부분이다. 하지만 대형 홍보대행사에서는 거대 기업이나 글로벌 IT기업들에 비해 상대적으로 홍보대행비가 적은 스타트업들을 중요한 클라이언트로 여기지 않는다. 이 때문에 대리급 AE(광고 및 홍보 대행사 책임자)를 담당자로 두는 경우가 많은데 이들의 경험이 적다 보니 미디어 네트워크와 기획력이 받쳐 줄 수 없어 좋은 서비스를 제공하기 어렵고 형식적인 서비스만 거듭해서 받다 보면 클라이언트로서는 불만이 생길 수밖에 없다. 이런 과정을 거치면서 홍보대행사에 대한 트라우마가 생겨 대행사라면 기피하고 고개를 젓게 되는 경우가 상당하다.

2016년 엑셀러레이터 스파크랩 홍보를 통해 해마다 새로운 스타트업들을 만나게 되고, 나무로 치자면 초목 정도에서 인연을 맺게 된 스타트업이 크게 성장해 고객사가 되는 모습을 지켜보기도 했다. 스파크랩에서 매년 봄가을에 엑셀러레이팅 코스에 선발된 스타트업들을 대상으로 강의하면서 참여했던 스타트업 대표들로부터 "태 대표님, 얼른 성장해서 대표님 회사와 함께하면 좋겠습니다." 같은 얘기를 종종 들었다. 그 후로 차츰 고객사가 늘어났고 2021년 8월 현재 20여 곳의 고객사와 함께 성장 파트너로 일하고 있다.

현재 우리 회사 고객사들은 대부분 엑셀러레이터나 벤처캐피털을 통해 초목 시기 때부터 성장의 역사를 알고 있는 곳이거나 고객사 대표나 스텝들이 소개하는 경우가 대부분이다. 스파크랩에서 육성된 스타트업들이 미디어에 노출되고 알려지면서 IT 스타트업을 취재하는 기자 그룹 내에서도 스파크랩의 위상이 확연하게 달라졌다. 이런 현상을 눈여겨본 벤처캐피털에서 투자 포트폴리오사 지원과 자사 홍보를 위해 홍보를 더 강화하는 현상이 생겨나게 됐다. 덕분에 캡스톤파트너스와 TBT파트너스의 홍보를 연이어 맡게 됐고, 투자사의 지원으로 홍보의 중요성을 인식한 피투자사들의 홍보를 맡는 경우도 많아졌다. 우리는 엑셀러레이터와 벤처캐피털이 우리 회사의 성장 플랫폼이 될 거란 확신으로 스타트업에 집중해 특화했고, 여기에 앞서 소개한 '붉은 여왕 전략'을 적용하면서 '스타트업 전문 홍보대행사'라는 브랜드를 구축할 수 있었다.

4 스타트업에 맞는 홍보대행사는?

그렇다면 스타트업은 어떤 기준으로 홍보대행사를 선택해야 할까? 스타트업 홍보대행사의 첫 번째 조건은 고객사의 성장을 기쁨으로 여기고 진심으로 공감하는 태도다. 즉 '성장의 기쁨'에 빠질 수 있는 파트너가 될 수 있어야만 한다. 기존의 기업들과 다르게 스타트업에서 성장만큼 중요한 과제는 없고 성장을 함께하려는 미션을 공유하고 이에 도움이 되고자 하는 일종의 동지 의식 또는 연대감이 필요하다. 여기에 스타트업 생태계에 대한 이해가 기본으로 필요하다. 투자 IR*을 시작하는지, B2B 협업을 준비하고 있는지, 신상품과 서비스를 출시했는지, 채용이 급선무인지 등 성장 단계별 가장 효과적인 홍보 전략과 실행을 제시할 수 있기 때문이다.

두 번째 조건은 스타트업과의 밀착 커뮤니케이션 서비스다. 대부분의 스타트업은 초기 단계에서 커뮤니케이션 조직이 미흡할 수밖에 없다. 스타트업이 유니콘 반열에 오르기까지 마케팅 조직에서 홍보를 대신하는 경우가 대부분인데, 이들은 홍보에 대한 이해가 거의 없기 때문에 이들의 인식을 깨우고 인도하는 역할을 할 수밖에 없다. 여기에 대표 및 직원들과 함께 스타트업의 성장 비전과 가치는 물론, 스타트업의 역사와 향후 성장을 위한 계획을 공유할 수 있는 아주 긴밀한 커뮤니케이션을 하면서 스타트업에 대한 깊은 이해를 해야 한다. 한마디로 같은 곳을 보고 호흡을 같이할 수 있는 커뮤니케이션 역량을 가진 파트너가 되어야 한다.

세 번째는 디지털과 IT에 대한 이해다. 특히 최신 기술과 반대되는 기존의 레거시 IT적인 관점을 과감하게 뛰어넘어 디지털 트랜스포메이션에 대한 이해를 하고 있어야 한다. 개별 서비스와 상품만이 아닌 기존 산업을 어떻게 혁신시키고 새로운 패러다임

((🔔))

IR Investor Relations 자본시장 관계자들을 대상으로 투자 유치를 위해 기업의 정보와 경쟁력 등을 홍보하는 활동.

을 만들고 있는지에 대한 이해를 바탕으로 해야 미디어에 단순히 정보를 제공하는 역할에 머물지 않고 고객사가 가진 가치와 혁신의 의미를 제공할 수 있다. 한마디로 기자들보다 한발 앞선 깊이 있는 정보와 콘텐츠를 제공할 수 있어야 한다. 물론 기자와 PD 등 콘텐츠를 만드는 저널리스트들과 신뢰를 기반으로 한 관계 설정은 필수다.

네 번째는 미디어 저널리스트들의 속성을 이해하고 기획을 제시할 수 있는 전문성이다. 홍보대행사는 저널리스트와 고객사들의 매개자이지만, 무엇보다도 콘텐츠를 만드는 저널리스트들의 니즈를 읽고 차별화된 기획을 제공할 수 있어야만 한다. 아무리 좋은 정보라도 기자들이 원하지 않는 콘셉트와 정보는 사실상 필요하지 않고, 그들은 항상 새롭고 가치 있는 아이템을 찾고 있기에 호기심을 자극하고 매력적으로 평가될 만한 기획을 제시할 수밖에 없다. 여기에 고객사 메시지와 정보를 담아 설득할 수 있는 역량이 갖춰져야 한다.

마지막으로 홍보대행사가 스타트업에 특화된 홍보 성과를 갖고 있는지에 대해 정량적이기보다는 정성적으로 접근해야 한다. 단편적인 수치가 아닌 경험과 통찰로 꼼꼼하게 살펴봐야 하는데, 단순히 보도자료에 의존한 기사 수치가 아닌 기업의 성장에 기여할 수 있는 가치 있는 콘텐츠를 만들어 낼 역량을 갖췄는지에 대

한 평가가 필수적이다. 그래야만 스타트업의 성장에 도움이 되는
여론을 형성할 수 있기 때문이다.

5

마케팅과 홍보는 다르죠

"마케팅이 홍보와 뭐가 다릅니까?" 스타트업 강의에서 자주 듣는 질문이다. 이 질문에 나는 항상 다음과 같이 대답한다. 홍보는 '가랑비에 옷 젖는 것' '농사를 짓는 것'과 유사하다고 말이다. 마케팅이 예산을 투입해서 즉각적인 결과를 볼 수 있다면 홍보는 매일 고객사의 좋은 가치를 찾아내고자 하는 노력을 바탕으로 언론이 선호하는 기획을 꾸준히 하고 인내심을 갖고 저널리스트와 지속적으로 커뮤니케이션하면서 설득하는 지난한 과정을 필요로 한다. 이 과정 없이 빛나는 결과로 이어지는 일은 기대하기 어렵다.

마케팅과 홍보의 차이점은 시선을 어디에 두는지에 따라 비롯된다. 마케팅은 고객에게 집중하고, 홍보는 외부를 본다고 할 수 있다. 마케팅은 자원을 투입해 고객을 유입시키는 동시에 고객의 반응을 통해서 '고객의 소리'를 빠르고 긴밀하게 듣는 것을 목적으로 한다. 이 때문에 대부분의 스타트업은 마케팅을 외부에 맡기는 경우가 거의 없다. 내부에서 직접 기획하고 실행하며 효과 측정을 외부에 맡기거나 외부 IT 프로그램을 활용한다. 반면 퍼블리시티 홍보로 통하는 대부분의 홍보는 전적으로 여론을 형성하는 데 목적이 있다. 해당 스타트업에 대한 정보를 제공하고 인지할 수 있도록 하면서 기업이 가진 가치와 잠재력을 드러내 매력적인 기업 이미지를 형성하는 것이다. 실제로 우리 회사에 홍보를 의뢰한 지 6개월 정도 되는 고객사 대표에게 "기사가 나간 후 어떤 효과가 있는 것 같으세요?"라고 묻자, "정부 부처나 협력 기업 어딜 가든 우리가 누군지 따로 설명할 필요가 거의 없고, 협의하는 데 아주 수월해졌습니다."라는 답변을 들었다.

아쉽게도 채용 사이트를 이용하다 보면 홍보에 대한 업계의 인식을 엿볼 수 있다. 채용 카테고리에 홍보 영역이 따로 있는 경우는 거의 없고, 마케팅의 일부로 분류되어 있는 경우가 대부분이고 그중에서도 홍보 영역을 별도로 체크하는 형식으로 되어 있다. 이렇다 보니 홍보 관련 공고를 아주 상세하게 올려도 마케팅 영역에서 일하던 분들이 응시하는 경우가 상당히 많다.

60

채용 사이트에서 엿볼 수 있는 홍보에 대한 인식은 스타트업의 조직 운영에도 거의 그대로 적용된다. 토스나 쿠팡, 배달의민족처럼 유니콘 반열에 오른 조직들은 사내 홍보(인하우스 홍보) 조직을 따로 꾸리고 인력도 대거 채용한다. 하지만 대부분의 스타트업은 홍보 조직이 거의 없다시피 하고, 마케팅 담당자가 홍보를 살짝 걸쳐서 맡는 경우가 많다. 다행스럽게도 일부 스타트업은 홍보 담당자가 있지만 온라인과 소셜미디어, 홈페이지 관리 등 한 명이 홍보의 거의 모든 영역을 담당하다 보니 특히 언론을 대상으로 하는 퍼블리시티 홍보에는 집중할 수 있는 여력이나 전문성을 갖기 어렵다.

우리 회사의 고객사 역시 마찬가지로 스파크랩과 스마트스터디, 베스핀글로벌을 제외하고는 홍보 조직이 없다. 그러다 보니 고객사와 실무를 진행하는 우리 회사의 담당 AE는 대부분 마케팅 담당자와 커뮤니케이션 파트너가 된다. 홍보에 대한 인식과 전문성이 거의 없으니 고객사 담당자를 홍보에 눈뜨게 하는 과정을 꼭 거치게 된다. 고객사 담당자가 홍보에 대한 인식이 생겨야 우리 업무가 수월해지고 시너지효과가 나타나기 때문이다.

6 홍보대행사의 2인 3각

한편, 홍보를 모르는 담당자라고 해도 각자의 역량도 너무도 달라서 그 역량과 인식에 따라서 홍보 결과가 확연히 차이 나기도 한다. 홍보는 잘 모르지만 담당자 스스로가 업무에 책임감을 갖고 중요성에 대한 인식도가 높았던 대표적인 경우가 스파크플러스와 코니바이에린이다. 이들은 모두 명확한 포인트와 스케줄을 공유하고 있었고, 해당 스타트업 기사 아이템 발굴에 필요한 데이터와 스토리를 요청할 경우, 우리가 생각지도 못한 훨씬 더 양질의 데이터를 제공하고 예상을 뛰어넘는 인사이트를 제시하곤 했다. 홍보하는 입장에서 더 열심히 할 수밖에 없고 고객사를 가치 있게 만드는 선한 자극을 받는 경험이었다. 좋은 홍보에 대행사의 역량 못지않게 고객사 담당 직원의 인식과 협조가 얼마나 중요한지 갈수록 체감하게 된다.

반대로 안타까운 사례들도 있다. 스타트업 B의 경우, 레거시 IT나 글로벌 IT 기업에서 마케팅을 경험했던 담당자들이 마케팅과 홍보를 겸하고 있었는데 정말 많은 우여곡절을 겪어야 했다. 특히 대표의 특성상 홍보에 대한 눈높이가 아주 높고 항상 엄청나게 높은 허들을 제시하는 경향이 있는데도, 몇 년째 홍보 경력이 있는 직원을 채용하지 않고 마케팅 직원들이 홍보를 겸하느라 예상치 못한 홍역을 치른 적이 여러 번 있었다.

스타트업 C는 가장 안타까운 사례로 홍보를 제대로 알고 있는 담당자가 얼마나 중요한지 실감하는 대표적인 경우이기도 하다. 좋은 홍보를 하기 위해서는 고객사 스토리와 데이터라는 기본정보가 요구된다. 우리는 고객사의 가치를 빛내고 언론이 주목하는 트렌드를 위해 해당 고객사의 비즈니스와 결합할 수 있는 데이터와 스토리를 담당자에게 수시로 요청한다. 이런 정보는 대행사로서는 접근이 불가능한 내부정보이기 때문에 요청하는 수밖에 없다. 특히 스타트업 C는 엄청난 기술적 차별성이 아니고 단순한 비즈니스모델을 갖고 있었기 때문에 더욱더 양질의 데이터와 성장 스토리가 요구됐다. 그런데 마케팅 담당자가 홍보를 겸하고 있는 스타트업 C 역시 마케팅을 총괄하는 이사와 담당자가 홍보를 프로모션 마케팅의 도구로만 여기는 점이 치명적이었다. 처음 1년 동안에는 대표와의 정규 미팅을 통해 해당 스타트업의 성장 스텝을 파악하고 유의미한 홍보를 위해 머리를 맞댈 수 있었는데, 담당자가 교체된 이후에는 이런 기회마저도 없어졌다.

스타트업 C는 비즈니스모델이 너무 단순해서 언론의 인식에 한계가 있는 만큼 좀 더 가치 있게 비춰질 수 있는 기획으로 승부해야 할 필요성이 많았다. 하지만 정작 담당자는 우리와의 온도 차가 너무도 다르기만 했다. 이 스타트업의 담당 이사와 매니저는 좋은 기획에 필요한 스토리와 데이터를 요청해도 없다는 말만 거듭하면서도 정작 경쟁사에서 유의미한 기사가 나오면 유사한 콘셉트의 기사를 요구하는 일이 잦았다. 이 때문에 스타트업 C를 맡은 담당 AE는 고민이 깊어졌고 프로모션용 보도자료만 남발하는 마케팅 계획의 일부로만 진행되는 홍보의 한계 때문에 한숨도 깊어졌다. 우리는 결국 도저히 천편일률적인 홍보를 할 수 없어서 이사와 담당자에게 호소하는 미팅까지 청했지만, 돌아온 대답은 실망 그 자체였다.

사정이 이렇다 보니 스타트업 C는 언론의 주목을 받을 만한 IT 스타트업으로서의 가치를 드러낼 기획 아이템을 시도할 수 없고 마케팅 계획에 맞춘 일차원적인 홍보만 거듭했다. 사실 대행사 입장에서는 고객사의 요청대로만 해 주면 아무 탈이 없겠지만, 이런 과정이 거듭되면 언론에 여론을 형성할 수 있는 기회를 상실하게 되고 기자들의 기대 반경에서 멀리 사라지게 된다. 또 무엇보다도 성장 파트너로서 기여하고 싶은 열망을 빼앗긴다는 점에서 안타까운 사례로 기억된다.

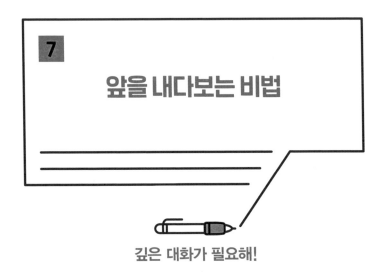

앞을 내다보는 비법

깊은 대화가 필요해!

스타트업 홍보를 하면서 가장 큰 배움은 창업자들을 통해 어디에서도 접할 수 없는 인사이트를 직접 얻을 수 있다는 점이다. 하루 24시간을 쪼개 집중해야 하는 대표 입장에서 홍보대행사와 정규적으로 만나는 일에 부담을 가질 수밖에 없을 것이다. 하지만 대표를 통해서 얻을 수 있는 정보와 담당자를 통해서 얻을 수 있는 정보의 질은 현격하게 차이가 난다. 때문에 우리 고객사 대부분은 대표가 참석하는 미팅을 진행한다. 일부는 매월 실무진 미팅을 하고 2~3개월에 한 번씩 대표 미팅을 꼭 하는 것이 당연시되고 있다. 코로나19 이후에는 대면 미팅이 아닌 줌을 통한 화상 미팅으로라도 고객사 대표와 직접 커뮤니케이션하고 있다.

고객사 대표와의 정규 미팅은 우리 회사의 담당 AE뿐만 아니라 임원과 대표인 나도 항상 참여한다. 일반적으로 우리는 고객사에서 일어날 일을 3~4개월 앞까지 파악하고 있다. 단순한 마케팅 프로모션에 따른 홍보는 실무진에서 챙기지만 '대표 대 대표'로 만나는 미팅에서는 비즈니스 투자와 확장부터 대기업이나 기관과의 협업까지 전략적으로 움직이는 모든 사안을 공유한다. 그리고 이 사안들이 성장에 미치게 될 영향과 관련 산업 내 이해관계자들과의 관계 설정, 전달할 메시지는 물론이고 언론과 어떤 콘셉트로 커뮤니케이션할 것인지 등 아주 세밀하고 전략적인 대화를 나누게 된다.

물론 홍보대행사 앞에서 이 정도로 깊은 속내까지 내보여야 하는지 의구심이 드는 이들도 있겠지만 단순 홍보만이 아니라 그다음 스텝을 준비하는 게 중요하기 때문이다. 특히 기자 미팅은 만반의 준비를 하고 전쟁에 나서는 것과 같다. 전략적으로 콘셉트와 메시지를 갖춘 상태에서 우리의 메시지가 기사화될 수 있도록 설득하느냐에 따라 결과물에서 큰 차이가 있다.

특히 규제 이슈나 전통산업 이해관계자들의 협조가 중요한 영역은 더욱 전략적이고 치밀한 커뮤니케이션이 중요하다. 가령 2020년 가을, 홍보를 맡게 된 소분형 건강기능식품 서비스를 하는 스타트업 D의 경우, 규제의 칼자루를 쥔 정부 당국자 못지않게 약국과의 관계가 너무도 중요했다. 규제 샌드박스˙를 통해 가능성이 열린 소분형 건강기능식품 시장에 대한 규제 해소가 약국 산업에 가져다줄 긍정적인 메시지를 정부 당국에 전달하는 동시에, 글로벌 헬스케어 산업이 가속화되는 트렌드를 알리면서 산업을 육성해야 할 이유를 여론화시키는 데 주력했다. 동시에 매우 보수적인 약사 집단과 대립하기보다는 알고리즘을 활용한 키오스크 문진 시스템과 소분형 건기식 배송 서비스를 이용한 젊은 약사 집단이 수익을 내는 스토리를 통해 설득의 구조를 만들었다.

앞선 사례인 모토브의 경우도 모빌리티(이동수단) 기반이었기에 택시 운전사 집단 공략이 중요했다. 특히 택시 운전자들은 타다 사태 이후 모빌리티 스타트업에 극도의 경계심을 드러내기 일쑤여서 실제 수익이 향상된 스토리를 기사화해서 자연스럽게 집단 내에서 바이럴이 될 수 있도록 하는 데 주력했다. 한편 한정된 광고 업계에서 택시를 통해 수집된 데이터가 기존의 옥외광고 사업자들과 대립하지 않고 지역 소상공인을 대상으로 하는 광고임을

((🔔))

규제 샌드박스 새로운 제품이나 서비스가 출시될 때 일정 기간 기존 규제를 면제나 유예시켜 주는 제도.

홍보의 마법, 스타트업 전쟁에서 살아남기

강조했다. 더불어 도시 데이터를 통해 스마트시티를 구현하고 있는 지자체의 스토리를 통해 스마트시티 도입에 꼭 필요한 IT기술임을 알리고, 모빌리티 산업을 가속화시키고 있는 자동차 대기업과 통신사들과도 협력할 수 있는 역량을 가진 기업으로 보여지도록 홍보에 힘을 쏟았다.

두 스타트업 모두 전통산업 관계자들이 비즈니스 협력자가 되어야만 하기에 대립과 갈등보다는 상생의 메시지를 전달하는데 주력했다. 또 규제권을 가진 정부 당국에는 규제를 풀어서 생기는 산업적 효용성과 시장 그리고 글로벌 트렌드에 대한 정보를 기사화해서 규제 해소 명분과 효과가 전달될 수 있도록 했다. 함께 손잡을 수 있는 사업 파트너들에게는 협력의 가능성을 던지는데 주력했다.

앞에서도 얘기했지만 이 정도의 홍보 전략을 수립하고 실행하려면 수시로 대표와의 미팅을 하지 않을 수 없다. 규제 이슈와 이해관계자와의 전략적 관계 설정 등 아주 긴밀하고 허심탄회한 커뮤니케이션으로 '함께 보고 멀리 가는' 공감대를 형성해야만 한다. 이를 통해 산업과 시장에 대한 이해, 성장 전략에 대한 공감대를 통해 마치 한 팀처럼 움직일 수 있는 좌표를 설정할 수 있다.

스타트업 성장의
트리거, PR?

가장 힘들었던 시기에 가장 어려웠던 문제를 함께 고민하고 해결해
준 최고의 비즈니스 파트너!
대행사를 뛰어넘어 파트너라고 불러야 마땅하다.

▪ 센트비 최성욱 대표

3장

1

퍼블리시티 홍보는 왜 할까?

바쁜 일정에도 일 년에 수차례씩 고객사 외 스타트업을 위한 강의를 하고 있는데, 스타트업을 대상으로 하면서 우리 회사가 성장했기 때문에 스타트업 생태계를 위해서 기여해야 한다는 일종의 연대의식 때문이다. 스파크랩의 경우 일 년에 두 번씩 8~10개 스타트업을 선발하고, 13주의 엑셀러레이팅 코스를 거치게 하는데 이때 교육 프로그램의 일환으로 스타트업 홍보 강의를 진행한다. SK 트루이노베이션센터와 KT&G 상상스타트업에서는 멘토로 등록되어 강의 중이고, 디캠프와는 보다 세부적인 홍보 프로그램을 기획해서 강의하는 등 스타트업을 위한 일이라면 할 수 있는 한 최선을 다하고 있다.

한편, 수강자 대부분은 아직 씨드 투자도 받지 못하고 데모데이조차 하지 않은 초기 스타트업 대표들이다. 이 강의에서 첫 번째로 듣게 될 말이 "누가 언론 기사를 보는 겁니까?" 같은 질문이다. 우리가 접하는 기사의 대부분이 포털사이트와 소셜미디어에서 얻어지기 때문에 이런 질문이 나올 수밖에 없을 것이다. 그럴 때면 항상 "당신의 기업에 영향을 끼치는 주체들에게 영향을 끼치는 것이 바로 언론 기사이고, 그것 때문에 퍼블리시티 홍보를 하는 것입니다."라고 대답한다.

스타트업에 영향을 끼칠 수 있는 대기업과 중견기업, 정부 정책 당국자와 국회, 투자자에게 언론 기사는 스타트업을 평가하는 아주 중요한 참고 자료가 된다. 또 스타트업의 숙제 중 하나인 좋은 인재를 모으는 채용에도 절대적인 영향을 끼친다. 이런 이유로 스타트업 강의에서는 홍보를 뭉뚱그려서 생각하기보다는 대중을 목적으로 하는 경우에는 소셜미디어 등 온라인을 이용하고, 신뢰와 가치의 여론을 형성하고 영향력을 확보하기 위한 목적으로는 퍼블리시티 홍보를 해야 한다고 강조하고 있다.

우리 회사에 홍보 대행을 맡긴 지 벌써 햇수로 4년째 되는 해외송금 스타트업 센트비가 가장 극명하게 기사 한 편의 위력을 보여 준 사례라고 할 수 있다. 센트비는 2018년 시리즈 B를 마무리 짓는 단계에서 규제의 절벽을 맞닥뜨리게 됐다. 정부 부처 특유의 칸막이 커뮤니케이션으로 인해 협의를 제대로 하지 않고 센트비를 IT 기업이 아닌 금융기업으로 규정했기 때문이다. 금융기관에는 벤처캐피털이 투자를 할 수 없도록 하는 규제가 있어서, 투자 클로징을 앞둔 상태에서 모든 투자가 막혀 버렸다. 센트비는 특히 미리 한꺼번에 자금을 확보해 두고 해외에 송금하는 풀링 방식Pooling을 채택하고 있기 때문에 자금 확보가 그 무엇보다도 중요한 스타트업인데 투자가 중단되면서 그야말로 피를 말리는 시간을 견뎌냈다. 센트비와 이 문제를 상의하고 주요 언론사를 통해 호소하고 여론을 만드는 정면 승부를 하기로 했다.

우리는 센트비의 성장을 꾸준히 지켜봐 왔고 애정을 가진 중견 기자들을 직접 찾아뵙고 호소했다. 다행스럽게도 부처 간의 칸막이 커뮤니케이션으로 인해 생긴 어처구니없는 규제에 대한 공감대를 형성했고, 기사를 맡은 기자는 정부의 입장도 충분히 경청해서 2018년 9월 12일 조간 기사를 보도했다. 마침 그날, 담당 기자와 센트비 대표와 점심 미팅을 하고 있었는데 정말 기적

((🔔))

시리즈 B 시리즈 A 단계에서 성공한 제품이나 서비스를 확장하기 위해 받는 투자.

같은 일이 벌어졌다. 당일 오후 1시에 해당 부처에서 규제 해소를 위해 법 개정을 하겠다는 보도자료를 발표한 것이다. 우리는 모두 그 자리에서 얼싸안고 기뻐했다. 이런 믿을 수 없는 과정을 거쳐 해당 규제는 연말에 국회를 통과했고 이듬해에 투자도 유치할 수 있었다. 센트비는 지난 2021년 1월에는 누적송금액이 1조 원에 달하고 기업 해외송금도 하며 비즈니스 영역을 확장하는 등 현재 아주 견실하게 성장하고 있다.

이처럼 기사 한 편은 스타트업에 엄청난 영향으로 다가온다. 실제로 대기업이나 중견기업과의 협업을 앞둔 경우 임원 결재용 참조 자료에는 양질의 기사가 꼭 따라온다. 또 중소벤처기업부의 팁스 같은 정부 지원을 받을 때도 좋은 기사는 심사위원들이 참조하는 가장 중요한 자료가 된다. 채용도 마찬가지라서 좋은 기사가 나가고 나면 각 분야의 인재들이 스타트업 채용에 도전하곤 한다. 실제로 코니바이에린의 경우, 우리가 홍보를 맡아 기사가 나가게 되면서 글로벌기업에서 경험을 쌓은 어마어마한 인재들이 몰려들면서 감동 어린 감사 인사를 받기도 했다. 이런 사례는 거의 모든 고객사에 공통으로 작용하며 실제로 채용 시즌을 앞두고 양질의 기사를 통해 도움을 달라는 요청을 수시로 받고 있다.

쿠팡이나 배달의민족, 마켓컬리처럼 국민 서비스가 된 유니콘 급의 스타트업을 제외하고는 거의 모든 스타트업이 대중에게

규제 완화하다 황당한 덫… '해외송금 앱' 허용했지만, 투자받을 길은 막아버렸다

스타트업을 '금융 업체'로 지정
벤처캐피털 지원받을 근거 사라져
정부 1년 지나서야 "시행령 개정"

해외 송금 앱 스타트업(초기 벤처기업)인 A사는 지난달 중순 벤처캐피털 3곳에서 60억원의 투자를 받기로 했다가 막판에 무산됐다. 현행 법규상 국내 벤처캐피털사는 금융 분야 스타트업에 투자할 수 없기 때문이었다. 직원 수 40여 명인 이 회사는 해외 송금 시장에 본격 뛰어든 지 8개월 만에 월 송금액 200억원을 돌파하면서 급성장하고 있지만 생존을 걱정할 처지가 된 것이다. 현재 해외 송금 앱 스타트업 A사 이외에도 4~5곳이 투자 유치가 최종 단계에서 중단되면서 자금난에 빠진 것으로 알려졌다.

기획재정부는 작년 6월 규제 완화를 통해 이전까지 은행만 해오던 해외 송금 업무를 소액(건당 3000달러 미만에 한해 벤처기업도 할 수 있도록 허용했다. 이후 20여 벤처기업이 소액 해외 송금 시장에 뛰어들었다. 시중은행을 통해 해외로 100만원을 보낼 경우 수수료는 3만~6만원 안팎이지만, 스타트업들의 수수료는 최저 1000원까지 낮추면서 소액 송금 시장은 급격히 성장했다. 벤처캐피털 업계 관계자는 "소액 송금 활성화는 불법 환치기가 줄어드는 효과도 낸다"면서 "2~3년 내 소액 해외 송금 연간 규모가 조(兆) 단위까지 성장할 것"이라고 말했다.

문제는 기재부가 작년 2월 당시 외국환 거래법 시행령을 개정하면서 이런 소액 해외 송금 스타트업을 금융 업체로 규정하면서 시작됐다. 현행 벤처기업 특례법과 창업지원법은 국내 벤처캐피털이 금융 업체에는 투자하지 못하도록 막고 있지만 이런 점을 간과한 것이다. 벤처 특례법·창업지원법의 주무부처인 중소벤처기업부도 이런 사실을 모르고 있다가 스타트업들이 아우성을 치자 지난달에야 문제점을 파악한 것으로 알려졌다. 두 부처가 작년에 규제 완화할 당시에는 아무런 협의나 조율을 하지 않은 것이다. 중기부 관계자는 "벤처캐피털이 벤처기업에 투자 못 하는 현재의 상황을 해소하기 위해 벤처 특례법·창업지원법의 시행령 개정을 준비하고 있다"고 말했다. 이런 상황에 대해 또다른 해외 송금 앱 B사의 유모 대표는 "투자 유치가 중단돼 경영난인 상태에서 몇 달간 손 놓고 법 개정을 기다려야 하는 상황"이라고 답답해했다.
성호철 기자

《조선일보》 2018년 9월 12일자

는 존재감 제로라고 해도 과언이 아니다. 이런 이유로 초기 스타트업들을 대상으로 하는 강의에서는 현실을 극명하게 보여 주기 위해 '듣보잡'이라는 표현을 써 가면서 팩트 폭격을 가하곤 한다. 홍보가 이렇고 저렇고 따지기 전에 여론과 대중에게 당사가 어떻게 받아들여지고 있는지 있는 그대로의 현실을 깨닫고 겸손한 자세를 갖추게 하기 위한 가장 솔직한 충언이기도 하다. 흔히 스타트업들은 "우리 기술이 이렇게 좋은데" "우리 서비스가 이렇게 좋은데"라며 착각하기 마련이지만, 대중과 미디어가 어떻게 인식하는지를 파악하고 그에 맞추는 일이 홍보의 첫걸음이라고 생각하기 때문이다. 한 예로 강의에서 연예인들과 비교해 스타트업이 처한 현실을 보여 주곤 하는데, 수강자들은 대부분 아주 격한 공감을 표시한다.

언론 기사는 미디어를 통해 스타트업이 가진 서비스와 경쟁력, 창업 배경 등이 기사화되면서 아무것도 알려지지 않은 스타트업이 언론을 통해 한 번 걸러지고 신뢰할 수 있는 기업인지 평가받는 통과의례와도 같다. 어떻게 이야기하느냐도 중요하지만 누가 얘기하고 무엇을 통해서 말하는지가 훨씬 더 중요한 시대다. 퍼블리시티 홍보는 성장의 열매를 알리고 성장 과정과 비전을 언론을 통해 알림으로써 신뢰라는 여론을 형성한다. 이 여론을 통해 믿을 만한 서비스와 제품이라는 일종의 자격을 인정받는 셈이다. 제대로 된 기술개발과 서비스가 성장을 위한 원칙이자 기본기라면, 신뢰 형성과 여론은 하루아침에 이루어질 수 없다. 스타트업의 퍼블리시티 홍보는 인지도와 신뢰를 한꺼번에 얻어야 한다는 점에서 이미 알려진 대기업이나 중견기업에 비해 한발 한발 조심스럽게 다가가는 동시에 더 도전적이고 치열해야 한다.

2

키워드 선점과
리딩 포지셔닝

2020년 10월 27일, SKT 박정호 대표는 사명社名을 바꾸는 작업이 진행 중이라고 발표했다. 통신 매출이 50퍼센트 아래로 떨어지는 상황에서 통신 기업인 텔레콤을 과감히 배제하고, 디지털 트랜스포메이션 트렌드를 반영해 기업 이미지를 통합하는 CI Corporate Identity 변경을 추진하려는 것이었다. 통신사업자의 한계를 넘어 시대정신인 초연결, 초협력을 담아내고자 하는 SK 그룹의 의지를 밝힌 셈이었다.

이처럼 어떻게 불릴 것인가에 대한 고민은 스타트업이 어떤 비즈니스를 하고 있으며 혁신의 지점이 무엇인지 보여 주는 첫 단계로 여론 형성에서 가장 중요한 관문이 되기도 한다. 우리는 신규 계약을 맺게 되면 제일 처음 이 숙제에 가장 몰두하고 대안을 고민한다. 그리고 이미 유사한 서비스가 다수인 분야에서의 후발 주자라면 골Goal을 설정하고 여론화되도록 홍보하고 있다.

공유오피스 스타트업인 스파크플러스의 홍보 대행을 맡게 된 것은 2018년 11월이었다. 공유오피스 시장에는 이미 위워크WeWork라는 초대형 글로벌기업과 국내 최초로 공유오피스를 시작한 패스트파이브FASTFIVE라는 양대 강자가 존재했고 기자들 사이에서는 이미 공유오피스를 대표하는 기업으로 인식이 공고한 상태였다. 스파크플러스는 분명 후발주자였고 이미 굳어진 인식을 바꾸는 것이 쉽지 않아 보였다. 하지만 우리는 '공유오피스 삼총사'로 불리는 것을 골로 설정하고 홍보에 들어갔다.

후발 주자이지만 얼마나 빨리 성장하고 있고 상업용 부동산 시장을 견인하고 있는지에 대해 자료를 만들고 기자들을 공격적으로 설득해 나갔다. 동시에 사옥형 공유오피스인 '커스텀 오피스'를 홍보의 주요 키워드로 앞세워 스파크플러스만의 경쟁력을 보여주는 데 주력했다. 그 이유는 스파크플러스가 대형 커스텀 오피스 고객사를 확보하는 데 주력하고 있었고, 무엇보다도 아직 커스텀 오피스에 대한 기사가 거의 없다시피 했기 때문이었다. 우리는 이 키워드를 선점해야만 '공유오피스 삼총사'로 불릴 수 있는 차별화 지점이 될 것이라고 여겼다. 이를 위해 커스텀 오피스에 입주한 스타트업의 스토리를 발굴해 구체성을 더하기로 했다. 디지털 트랜스포메이션으로 인해 부동산자산 대신 유동성을 확보하고 미래 사업에 투입하는 것이 중요해진 현상들을 커스텀 오피스 성장의 배경으로 삼아 논리적 흐름을 만들었다. 이렇게 홍보 전략을 세우고 전력을 다한 결과, 언론에서 '공유오피스 삼총사'로 불리는 것이 불과 6개월 만에 이뤄졌고 커스텀 오피스의 선두주자로 자리매김하게 됐다.

앞선 모토브의 경우, 택시를 운행하면서 도시 데이터를 모으는 스타트업으로서 첨예한 모빌리티 갈등의 중심에 있었기에 우리 사회는 일종의 혁신 트라우마를 갖게 됐고, 기자 집단들 역시 택시 관련 모빌리티 스타트업에 적잖이 지쳐 있는 눈치였다. 우리는 이런 분위기를 충분히 감안하고 이 스타트업이 가진 핵심 경쟁력을 보여 주기 위해 '어반테크Urbantech 스타트업'이라는 키워드를 선정했다.

IT 기술로 도시의 안전과 편의성을 높일 수 있는 스마트시티가 몇 년째 화두가 되고 있지만, 스마트시티를 구현할 수 있는 구체적인 IT 기술은 별로 제시되지 못했기 때문이다. 골목길을 누비면서 얻는 데이터로 스마트시티 구현에 도입될 수 있는 데이터가 모토브를 통해 얻어질 수 있기 때문에 '어반테크'라는 키워드

2018년 12월 20일
15면 (기업)

스파크플러스, '맞춤형 사무실'로 공유오피스 영토 넓힌다

김정희 jhakim@
성장기업부 기자

200억 투자 발판 새해 8~9곳 오픈
입주사와 협의해 공간 구조 설계
일반 임대 오피스보다 30% 저렴
창업기업 위한 스파크랩 운영도

스파크플러스는 새해 공유오피스 8~9곳을 신설할 계획이다. 스파크플러스 선릉점 이벤트룸 겸 메인라운지다.

공유오피스 3위의 반란이 시작된다.

스파크플러스는데요 묵진건는 새해 3월 두 곳, 5월 한곳 등 공유오피스 8~9곳을 신설할 계획이다. 지난 9월 시리즈A 투자유치로 200억원을 수혈했다. 새해 공격적인 투자 발판을 마련한 셈이다.

묵진건 스파크플러스 대표는 "현재 보유면적이 4000여평에 3000평서 정도 된다"면서 "내년 말이면 1만1000평 규모에 9000평서을 보유할 것"이라고 19일 밝혔다.

스파크플러스는 한국형 모델을 추구한다. 입주업체 편의를 위해 사무실 공간구조와 인테리어를 협의해 만든다. 위워크 등 글로벌 업체와 차이점이다. 지난4월 6호점인 강남점을 오픈했다. 1200여 500인 이상 중대형 오피스 공간을 8곳에 국내 최초로 '맞춤형 오피스'를 제공한다. 강남점은 산업주계약만으로 100% 입주율을 달성했다. 베스트앱로벨, 아나두, 마이리얼트립 등이 맞춤형 오피스로 입주를 확정했다. 묵진건 대표는 "입주사가 사업에 집중할 수 있도록 사무실 운영에 관한 모든 것을 지원

한다"면서 "세무, 법무부터 법정 교육, 기자재 구매까지 스마트한 홈부털 역할"이라고 강조했다.

스타트업 등 소규모 창업기업을 위해 스파크랩과 함께한다. 액셀러레이터로 스타트업 육성과 투자 등 다양한 프로그램을 운영한다. 50~200평 규모 기업을 위해선 '맞춤형 오피스'를 준다. 인테리어 설계부터 시공까지 입주사 입맛에 맞춘다. 인테리어 설계비에서만 참여한다. 저렴한 가격으로 사용을 돕는 효과.

묵 대표는 "추가 비용이 들어가지 않아 일반 임대 오피스보다 30% 정도 싸다고 보면 된다"면서 "규모가 작은 회사일수록 더 유리하다"고 말했다.

스파크플러스 계약 연장률은 90%가 넘는다. 부엇보다 크루들이 열에 세심하게 챙겨준다. 규칙이나 기준이 엄격하지 않아 친근한 서비스 제공이 가능하다. 1인, 4인 기업으로 출발해 8인, 18인으로 늘어가면서도 이곳을 떠나지 않는 이유다.

그는 공유오피스 성장을 자신했다. 개발 후 수 대비에는 공실률이 10% 미만이었지만 지금은 15% 이상 넘어간다. 공유오피스가 들어서면서 공실률을 줄인다. 건물에 어떤 오피스텔를 보유하는지에 따라 가치도 상승한다는 판단이다. 기업문화 변화도 현실화한다. 조직 중심에서 프로젝트 위주로 바뀐다고 있다. 대기업 태스크포스(TF)도 공유오피스에 둥지를 트는 사례가 늘어났다. 모임문화를 통해 연대된지 이룰 수 있다.

KT경제경영연구소에 따르면 지난해 600억원 규모인 국내 공유오피스시장은 2022년 7700억원 수준으로 커질 것이라는 전망이다.

묵진건 대표는 "일본이 경기침체를 겪으면서 건물 운영사가 중요한 자리를 차지하게 된다"면서 "한국도 이때 방향마래를 둘러가 시작되고 있다고 내다봤다.

스파크플러스는 1년 반 동안 직원수가 10명이 채 안 됐다. 현재는 37명이 6개 센터를 관리하고 개발한다. 그는 "내년 이맘때면 100명도 넘을 것"이라고 덧붙였다.

(32.9×18.7cm)

《전자신문》 2018월 12월 20일자

매일경제

2019년 03월 11일
26면 (부동산)

공유오피스의 '진화'…입맛따라 인테리어까지

입주기업 특화 '커스텀 오피스'
회계·법률 서비스까지 제공

자유여행 플랫폼을 운영하는 스타트업 '마이리얼트립'이 최근 공유오피스 업체 스파크플러스가 운영하는 '커스텀 오피스' 강남점 (서진)에 터전을 잡았다. 마이리얼트립 측의 요청에 맞춰 입주 당시 사무실 한쪽에는 세계지도가 그려져 있고, 세계 각국의 시계도 설치되는 등 완벽하게 세팅이 끝나 있었다. 인테리어나 사무실 집기도 필요 없이 사원들은 노트북PC만 들고 입주하면 됐다. 공과금 납부, 음료수 구비와 같은 '잡일'도 대행해주기 때문에 직원들은 일에만 집중할 수 있게 됐다.

공유오피스 시장의 트렌드가 단순 사무실 임대 사업을 넘어 특정한 기업의 사옥을 대체할 수 있는 '커스텀 오피스(Custom Office·맞춤형 업무공간)'형 플랫폼으로 진화하고 있다.

커스텀 오피스는 기업이 직접 사옥을 짓거나 소유할 필요가 없도록 개별 기업의 특성에 맞춘 사무공간을 임대해 주는 서비스다. 기존 공유오피스가 단순히 사무실을 빌려주는 임대형 형태였다면 커스텀 오피스는 업종에 어울리는 인테리어 설치는 물론 별도의 관리 인력이 있어 물품 구입, 음료·음식(F&B) 서비스, 회계, 법률, 피트니스 등 기업 운영에 필요한 모

든 서비스를 제공한다. 향후 필요에 따라 회의실을 라운지로 바꾸는 등 유연하게 공간을 활용할 수 있다는 점도 특징이다.

스파크플러스는 지난해 12월 커스텀 오피스로 구성한 강남점을 오픈했으며 100% 입주가 완료됐다. 이곳에는 마이리얼트립 외 온라인 영어 회화 강의 서비스 '야나두', 여성의류 플랫폼 운영사 '크로키닷컴' 등 유명 스타트업이 다수 입주했다.

롯데물산도 송파구 잠실 롯데월드타워 30층에 영상회의·콘퍼런스룸 등이 가능한 커스텀 오피스인 '워크플렉스 롯데월드타워'를 운영하고 있다. 페스트파이브는 올해 오픈 예정인 서울숲점과 강남역4호점부터 커스텀 오피스를 적용할 예정이다.

커스텀 오피스가 등장한 것은 최근 공유오피스 시장이 급성장하면서 경쟁이 치열해지고 있기 때문이다.

공유오피스업계에 따르면 서울에는 지난해 말 기준으로 36개의 공유오피스 브랜드가 약 30만㎡의 오피스 면적을 사용하고 있는 것으로 나타났다. 공유오피스 사용 면적은 2013년엔 약 6만㎡에 불과했으나 기업들이 유동성 확보를 중시하는 트렌드가 강화되면서 최근 5~6년 사이에 급속히 늘어나고 있다.

정지성 기자

(23.9×9.7cm)

《매일경제》 2019년 3월 11일자

달리는 택시 디지털 광고판
동네가게 홍보에는 딱이죠

인포데이터기업 임우혁 모토브 대표

"택시는 길이 있다면 어디든 갑니다. 유동인구가 있는 곳에서 발생할 수 있는 어떠한 형태의 데이터라도 모을 수 있습니다."

최근 매일경제 비즈타임스와 만난 모빌리티 기반 인포데이터 기업 모토브의 임우혁 대표는 자신감이 가득했다. 최근 빅데이터를 활용하고자 하는 기업은 많다. 하지만 쓸모 있는 데이터를 만들어내는 기업은 부족하다. 모토브는 센서나 계측기로 얻은 최초의 측정 자료, 로데이터(raw data)를 만들어내는 기업이다. 임 대표는 인터뷰에서 로데이터를 만드는 것의 중요성, 그리고 데이터를 만들면서도 생존할 수 있는 기업이 되기 위한 노력 등에 대한 인사이트를 들려줬다.

모토브는 택시 갓등에 특수한 장치를 설치해 로데이터를 모은다. 갓등에는 다양한 센서가 들어갈 수 있다. 그때그때 진행하고자 하는 사업에 따라 다른 형태의 로데이터가 필요하기 때문이다.

모토브가 최근 인천시에서 진행하고 있는 사업에 예시다. 모토브는 인천시에서 밤길 밝기를 측정했다. 택시는 길이 있고 유동인구가 있다면 어디든 간다. 이를 통해 밤길 밝기 데이터를 아주 세세하게 측정했다. 모토브가 짧은 로데이터에는 유동인구가에는 몰도 있고 시간대별로는 얼마나 밝은지, 각각의 밝기는 어느 정도인지 등 모든 정보가 기록된다. 이를 통해 방범등과 폐쇄회로(CC)TV를 어느 정도로 설치해야 할지 알 수 있는 셈이다. 임 대표는 "택시는 우리 사회 교통망처럼 모세혈관과 같아서 아주 세세한 생활 데이터를 측정할 수 있다"고 말했다.

환경 센서로 로데이터를 측정할 수도 있다. 모토브는 이산화질, VOCs, 미세먼지 등 유해가스를 측정하는 센서를 갓등에 설치한다. 택시 현장은 특성상 남녀가 숨 쉬는 높이에 위치한다. 모토브는 이 센서를 통해 인천시도 주변 공기 중 유해물질을 측정했다. 모토브는 특히 인천시와 함께 초등학교 주변 데이터를 측정해 학교 주변 차량을 우회시키는 정책 등을 만드는 사업도 하고 있다.

모토브 데이터는 활용 가능성이 무척 높지만 여시나 관건은 기업으로서 생존 가능성이다. 벤처기업으로서 생존을 지속적으로 모색해오고 있는 모토브에도 이 부분이 어려움이었다. 모토브는 택시 갓등에 광고를 유치해 경제적인 효과를 내고 있다고 설명했다. 임 대표는 "우리와 달리 현재 모토브의 장치를 설치한 서울 택시 250대의 광고가 모두 마감됐다"고 말했다. 모토브는 시범사업을 거쳐 지난달부터 유료 광고로 전환했다.

모토브 사업은 매우 성공적인 사회적기업의 형태를 보인다. 면저 모토브는 택시에 모토브 장치를 설치한 대가에게 운행 시간에 따라 차등 지급한다. 운행 수입의 10~20% 수준이다. 여기에 택시 기사에

게 손님에게 모토브 장치와 광고에 대해 소개하는 대가로 인센티브를 준다. 인센티브를 받기 위해 택시 기사들은 서비스가 친절해지는 효과는 덤이다. 모토브는 현재 서울, 인천, 대전에서 서비스를 제공하고 있는데 광고 문의를 매일 지역당 5~6개 받고 있다. 광고 효과도 뛰어나다. 모토브가 광고를 노리는 시장은 아주 작은 지역 단위 매장이다. 모토브는 선택에 따라 매장 500m 내에서만 광고를 송출할 수도 있다. 임 대표는 "충남대 근처 잔취요릿집 광고를 했다. 모토브 장치에서 나오는 광고를 띄어서 가게에 오면 1000원 할인해주는 행사였다. 광고비는 한 달에 고작 5만원이었는데 하루에 5~6명은 광고를 보고 오는 효과를 낸다"면서 "온라인 광고는 꿈도 못 꾸고 전단지 광고도 전부인 소상공인들이 유일하게 할 수 있는 광고가 모토브"라고 말했다.

모토브는 올해 한 번 더 도약을 꿈꾸고 있다. 모토브는 올해 택시 대수를 꾸준히 늘려가는 하반기까지 5000대 이상으로 확대한다는 계획이다. 모토브는 현재 서울, 인천, 대전에서 총 700대를 운영하고 있다. 올 상반기까지 서울에서만 1000대를 운영할 계획이다. 매출 또한 올해 10배 이상 성장을 목표로 하고 있다.

단순히 희망 섞인 목표만은 아니다. 임 대표에 따르면 모토브는 지난해 세계 최대 가전쇼인 'CES 2020'에 참가해 호평을 받았다. 미국 현지에서 기업을 뿔리는 제안도 많이 받았다. 올해 글로벌 틈 모빌리티 회사와 사업 협력을 진지하게 논의하고 있다. 글로벌 광고 회사와 업무협약(MOU)도 업무도 하고 있다. 이미 여기에서, 광동제약, 서울시 등의 광고계약을 이행 중이고 국내 프랜차이즈업체와의 협력해 광고 효과 실증도 성공적으로 진행 중이다.

임 대표는 "처음에 이 사업 모델이 되겠느냐는 질문을 많이 받았다"면서 "4~5년 시행착오를 쥐고 끝에 여기까지 왔다. 미 세계에서 이 모델은 모토브 하나였는데 지나해 그 구글이 투자한 파이어플라이, 우버가 투자한 아둘닝 등이 생겼다. 선두 주자로 쌓아온 기술력을 바탕으로 글로벌 시장까지 진출하고 싶다"고 힘써 말했다.

임 대표는 미국 샌안토니오 텍사스대에서 홍보과학을 전공했다. 그는 유학을 다녀와 컨설팅 업무를 하다가 데이터를 통한 사업에는 무엇이 있을까 생각하던 중 쇼핑몰 데이터를 분석하는 아이템으로 데이터 사업에 뛰어들었다. 이후 임 대표는 2012년부터 2년간 LG전자 미주법인과 미국 버라이즌이 진행하는 뉴욕 택시 시스템 소프트웨어 개발을 총괄했다. 택시 승차자 데이터를 모아 최적화하는 일이었다. 임 대표는 이때 쌓은 경험으로 택시를 통한 도시 데이터 사업의 가능성을 엿본고 2016년 모빌리티 기반 인포데이터 기업 모토브를 창업했다.

최근도 기자

도시 곳곳 누비는 택시 보고
지붕 위 광고판 아이디어

택시기사에게 광고비용 주고
운행중 실시간 데이터 수집

인천 거리별 밤길 밝기 측정
방범등·CCTV설치때 도와

《매일경제》 2021년 1일 21일자

로 이 스타트업의 주요 비즈니스를 명명했다. 그리고 광고를 통해 택시 기사들의 수익을 높일 수 있기에 상생의 키워드도 함께 설득의 메시지로 만들고 다양한 각도로 피칭했다.

스타트업은 기존의 대기업이나 중견기업처럼 브랜드 인지도가 낮을 수밖에 없다. 그만큼 미디어를 통한 여론을 형성하기 쉽지 않다는 의미다. 이런 상황을 인식하고 우리가 어떻게 인식되면 좋을지, 우리의 메인 비즈니스가 시장을 어떻게 혁신시키고 있는지 여론을 설득할 수 있는 '홍보적 언어'가 반드시 필요하다.

무조건 우리 서비스와 기술이 좋다고 주장하고 설득하려고 할 것이 아니라, 기자들을 설득할 키워드를 선정하고 여기에 맞는 스토리텔링과 관련 데이터를 통해서 설득의 무기를 갖춰야만 한다. 이를 통해 스타트업이 혁신하고 있는 지점과 리딩 포지션을 확보해야만 브랜드이미지의 일종인 여론이 형성된다. 우리 스타트업이 상당히 성장하고 있는 것 같은데 여론을 통해 괜찮은 기업으로 보여지지 않는다면 스타트업 스스로 과연 관련 비즈니스 키워드를 선점하고 리딩 포지션을 갖고 있는지부터 냉철하게 분석하고 성찰해야 답이 비로소 보일 것이다.

3

데이터로 성장을 증명하라

퍼블리시티 홍보를 하다 보면 스타트업을 취재하는 기자들의 애환과 하소연을 자주 듣게 된다. 우리 회사에서 교류하는 기자들의 70퍼센트는 이른바 신문과 방송 같은 레거시 미디어의 기자들인데 현장을 취재하는 기자들은 스타트업이 어떤 질서를 만들어 내고 있는지 상당히 잘 이해하고 관심이 높으며 실제 스타트업으로 이직을 고려하는 기자들도 꽤 된다. 지난 2~3년간 스타트업이나 벤처캐피털로 이직 붐이 일 정도로 스타트업을 오래 취재한 기자나 젊은 기자들에게는 이직의 퀀텀 점프(비약적 성장) 기회로 여겨지게 됐다.

하지만 취재 기자들의 기사 허들은 거의 데스크나 부장급, 즉 시니어 기자라고 해도 과언이 아니다. 재벌과 대기업, 중견 기업이 만든 경제구조에 익숙한 시니어 기자들은 아직도 스타트업을 어엿한 경제주체로 인식하지 못하고 있다. 특히 신문과 다르게 스타트업 전담 취재기자조차 없는 방송사 보도국 내 시니어 기자들의 인식은 아직도 2000년대 초반 인터넷 버블 시대에 머물고 있다고 해도 과언이 아니다. 불과 십여 년 만에 모바일이 전 세계의 질서를 어떻게 바꾸었는지조차 인식하지 못하는 그들에게 모바일은 그저 통화하고 검색하고 문자메시지 하는 하드웨어에 지나지 않는다. 국민 모두가 모바일로 생활 서비스를 영위하고 있고, 2002년 5월 발표한 시가총액 순위에서 카카오와 쿠팡이 이미 현대차의 기업가치를 넘어섰어도 이것이 무엇을 의미하는지조차 파악하지 못하고 있다. 아니 어쩌면 인정하고 싶지 않은 건지도 모른다.

이런 이유로 일선의 취재기자들이 스타트업과 관련한 취재 아이템을 발제해도 번번이 윗선에 의해서 무산되는 일이 있다. 심지어 스타트업 관련 아이템을 발제하면 "거기 망하면 어쩌냐" "너 거기서 스톡옵션이라도 받았냐?" 같은 비아냥을 종종 듣는다고 한다. 기자들로서는 취재 의욕을 상실하고 무력해질 수밖에 없다. 하지만 취재 기사는 써야 하고 데스크의 인식 변화는 불가

피할 때 기자들이 SOS를 청하는 경우도 있다. 그럴 때면 담당 부장이나 데스크들이 우리 고객사 대표들과 자리할 수 있도록 마련해서 스타트업에 대한 인사이트 깊은 이야기를 듣게 한다. 한 번에 모든 인식이 바뀔 수는 없겠지만 부장이나 데스크들의 인식이 달라지면 기자들이 발제하기가 훨씬 수월해진다고 한다.

이처럼 홍보하는 입장에서 스타트업이 발 딛고 선 냉엄한 인식의 현실을 어떻게 바꿀 것인가 항상 고민하게 된다. 그 일환으로 우리는 성장의 데이터들을 통해 증명하는 방식을 택한다. 데이터만큼 정직한 것은 없기 때문이다. 스파크랩은 해마다 두 번씩 데모데이를 여는데 우리 회사의 제안으로 2018년부터 성장 리포트를 정기적으로 발표하고 있다. 이 보고서에는 스파크랩 포트폴리오사의 후속 투자율과 기업가치 총합, 일자리가 담겨 있다. 이를 통해 스파크랩이 선발하고 육성한 스타트업들이 어떻게 성장하고 있는지를 증명하는 셈이다.

TBT의 투자 포트폴리오사인 반반택시의 경우도 2020년 8월에 서비스 론칭 1주년과 가맹택시 출범 기자간담회를 열었는데, 이 자리에서 성장 데이터를 발표했다. 같은 해 센트비의 경우도 10월에 기업 해외송금 서비스 출범 기자간담회를 통해 성장 수치를 발표함으로써 비약적 성장을 대대적으로 증명했다.

| 센트비 성장 데이터 |

고객이 절감한 수수료

461억원

누적 거래 건수

100만건

거래 활성 빈도

30초당 1건

국내 체류 외국인 근로자 중 센트의 가입 비율

33%

태국, 파키스탄인
3명 중 1명 가입

25%

필리핀, 인도네이사인
4명 중 1명 가입

외환전문 네오뱅크 센트비

누적 거래액
1조 달성!

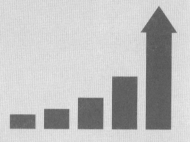

반반택시 지난 1년간의 성과 : 가입자 수

승객회원 12만
| 누적 |

기사회원 1,4만
| 누적 |

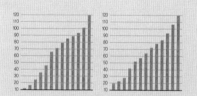

반반택시 지난 1년간의 성과 : 호출 및 운송

일반호출 5.6배 증가
| 최근 3개월 간 일반호출 건수 |

일반호출 5.9배 증가
| 최근 3개월 간 오전시~오후 7시 |

20년 5월 2주   20년 8월 1주   20년 5월 2주   20년 8월 1주

| 반반택시 성장 데이터 |

위 같은 성장 수치와 리포트 발표는 우리 회사에서 요청해 구체화시킨 것으로, 성장을 보여 줄 수 있는 데이터를 30여 가지로 1차 리스트에서 선정하고, 2차로 기업의 성장을 보여 줄 수 있는 의미 있는 데이터와 미디어가 선호할 만한 데이터 10여 가지를 선별한다. 이 과정에서 고객사 내부는 물론이고 대행사인 우리 회사도 홍보할 지점을 발견하는 수확을 거두곤 한다. 이렇게 선별된 수치는 기사에 반영되고 알려지면서, 미디어와 수많은 이해관계자들이 검색했을 때 기업의 성장을 증명하는 동시에 신뢰를 다질 수 있고 재인용할 수 있는 데이터가 된다.

앞서 얘기한 것처럼 아직도 레거시 경제에 갇힌 기성세대들에게 스타트업의 가치를 증명하기 위해서는 눈앞에 성장을 증명할 수 있는 성장 데이터를 발표하는 일이 중요하다. "우리 회사 잘되고 있어요."라며 수백 번 말하는 것보다 신뢰할 만한 성장 데이터를 내보이는 것만큼 확실한 존재 증명 방식은 없기 때문이다. 우리는 고객사와의 끊임없는 대화를 통해 가치 있는 성장을 보여 줄 데이터를 지속적으로 요청한다. 이를 바탕으로 기자들에게 해당 고객사의 성장을 이야기하는 기획을 한다. 이런 홍보 방식은 상당히 효과적이어서 **스토리, 성장 데이터, 키워드** 이 세 가지는 스타트업 홍보의 가장 중요한 아이템이라고 감히 말할 수 있겠다.

4

논란은 또 다른 기회

기업을 운영하다 보면 예기치 못한 복병들이 수시로 기다리고 있지만, 특히 기업이 속한 산업계의 위기는 큰 논란을 불러오고 유사한 비즈니스의 기업들에도 불똥이 튀기 일쑤다. 기업 입장에서는 의도치 않은 논란에 억울하기도 성가시기도 하지만 이런 상황도 역전시킬 수 있는 모멘텀이 될 수 있다.

2019년 겨울 위워크가 휘청했다. 공유오피스 고객사 덕분에 위워크의 위기는 내내 파악하고 있었지만, 2019년 11월 글로벌 공유오피스 스타트업 위워크 IPO가 철회되고 나자 시장에서는 공유오피스 업계에 대한 회의론이 급격하게 일었다. 기자 미팅에서 나오는 조심스럽고 회의적인 여론은 국내 공유오피스 시장을 급격하게 얼어붙게 만들었다. 하지만 위워크의 위기는 창업자인 애덤 노이만의 도덕적 해이와 경영 실패에 따른 문제일 뿐, 국내 공유오피스 시장은 오히려 상업용 부동산시장을 견인하면서 성장곡선을 보여 주고 있었다. 위워크 IPO 철회 이후 급격하게 형성된 공유오피스 시장 전체에 대한 부정적 여론이 그대로 굳어지고 기정 사실처럼 보이기 전에 특단의 조치가 필요했다.

마침 그때 우리 고객사 중 한 곳인 스파크플러스는 300억 규모의 시리즈 B 투자를 유치했고 여러 가지 긍정적인 성장 지표가 나타나고 있었다. 우리는 위워크 사태로 인한 시장의 불안을 누군가 해소해 줄 필요가 있고, 이번 대규모 투자 유치를 계기로 투자자들이 투자를 단행한 이유를 들어 성장의 근거를 제시하는 한편 프롭테크 스타트업으로서의 비전을 보여 주는 절호의 기회로 만들자며 강력하게 설득했다. 우리의 설득이 받아들여져서 2019년 12월 초 기자간담회를 열게 됐다.

기자간담회는 공유오피스 시장에 대한 불안하고 회의적인 시선을 가진 기자들로 가득 찼다. 참석한 기자들은 일제히 위워크

((🔔))

프롭테크 부동산Property과 기술Technology의 합성어로 부동산에 빅데이터, 인공지능, 사물인터넷 등의 첨단기술을 이용하는 것.

사태 이후 의심의 대상이 된 공유오피스 시장에 대한 질문들을 쏟아냈다. 이 자리에서 스파크플러스 목진건 대표는 공유오피스가 단순히 공간만을 빌려주는 것이 아니라 스타트업의 다양한 실무교육과 투자자 연결 등 입주사의 필요에 의한 서비스에 초점을 맞추고 있다고 밝혔다. 또 2021년 40개 지점까지 확대될 예정이고 지점 오픈 이전에 이미 고객사 입주율이 70퍼센트가 넘어섰으며 지점 오픈 이후에는 95퍼센트를 넘는다는 실질적인 성장 수치도 공개했다. 이와 함께 안정적인 실적과 축적된 운영력을 토대로 향후 '부동산 종합 운영사'로의 비전을 제시했다. 향후 다른 업체 소유의 건물 운영을 맡아 가치를 더하는 서비스까지 제공하고 그린필드(신규 자산 개발)를 비롯해 리모델링 단계부터 참여해 공간 설계를 맡는 방식은 물론 공유오피스 건물 저층부 입주사에 적합한 상업용 부동산을 운영하는 부동산 콘텐츠 기업으로서의 계획도 밝혔다.

이 기자간담회는 결과적으로 전세를 역전시켰다. 그 후로 공유오피스 위기에 대한 기사는 거의 사라졌고 오히려 위워크의 위기 원인과 비교하면서 '토종 공유오피스'의 강점을 조명하는 기사들이 많아졌다.

공유오피스 스파크플러스, 300억 후속투자 유치 '불꽃 성장세'

"공유 오피스 시장은 지점을 점차 늘려가면서 상업용 부동산 시장으로 사업영역을 확대, 자연스럽게 부동산 종합 운영사로 진화해갈 것입니다."

목진건 스파크플러스 대표(사진)는 3일 서울 스파크플러스 시청점에서 열린 기자간담회에서 "업계의 우려들을 딛고 누적 600억원 투자유치에 성공한 것은 무척 고무적인 일"이라며 이같이 밝혔다. 스파크플러스는 지난해 8월 200억원 규모의 투자(시리즈A)를 유치한 후 1년여 만에 300억원 규모의 후속투자(시리즈B)를 유치하는 데 성공했다. 이번 후속투자엔 아주호텔앤리조트, 코람코자산운용, 스틱벤처스, 인터베스트, 아주IB투자, 우신벤처투자가 참여했다. 목 대표는 "최근 공유 오피스 시장에 대한 우려가 커지는 상황에서 대규모 투자 유치에 성공한 것은 투자자들에게 차별성을 인정받은 결과"라며 "안정적인 성장 실적을 바탕으로 상업용 부동산의 운영모델을 다각화할 것"이라고 설명했다.

스파크플러스는 2016년 12월 첫 번째 지점(역삼점)을 열고 국내 공유 오피스 중 처음으로 '커

3년만에 서울 12개 지점
누적 600억대 투자 유치
상업용시장 영역 확대로
부동산 종합운용사 갈 것

스텀오피스'를 설계·운영해왔다. 현재 역삼·삼성·서울로·강남·을지로·시청 등 서울 내 12개 지점을 운영 중이다. 평균 입주율은 95% 이상, 개점 전 유치율은 70% 수준이다. 신규 예정 지점 2곳을 포함한 좌석 수는 약 8500석, 전용면적은 약 3만6300㎡다. 2021년까지 지점 수를 40호점까지 확대할 계획이다.

스파크플러스의 성장배경으로는 차별화된 입주 형태와 지원 프로그램을 꼽았다. 근로자 50명 이상 중소기업의 수요에 맞춘 사옥형 '커스텀오피스'가 대표적이다. IT(정보기술) 스타트업 베스핀글로벌부터 네이버, SK텔레콤

등 대기업 계열사와 정부기관까지 입주했다. 스파크플러스는 입주 스타트업의 성장지원 프로그램도 운영한다. 삼성넥스트, 페이스북 등의 스타트업 육성 프로그램의 운영 파트너. 한국콘텐츠진흥원, 한국디자인진흥원의 스타트업 액셀러레이팅 프로그램도 운영 중이다.

목 대표는 "좋은 입지와 사무공간을 제공하는 것을 넘어서 입주사에 맞춤한 여러 서비스 콘텐츠를 개발·공급하고 있다"며 "단계적으로 내부 입주사들, 건물주들 각각의 수요에 맞는 다양한 입주 형태와 서비스를 공개할 계획"이라고 말했다. 이민하 기자 minhari@

(28.2*18.3)cm

《머니투데이》 2019년 12월 3일자

논란을 역전시킨 스타트업 M의 경우도 있다. 스타트업 M은 우리가 6년째 홍보를 맡고 있는 스파크랩 엑셀러레이터에서 1기로 선발된 스타트업이다. 이 때문에 미디어에서 스타트업 M을 섭외할 때 우리 회사로 연락하는 경우가 많았고 자연스럽게 부정적인 여론도 자주 전해졌다. 2020년 가을, 데모데이 행사장에서 우연히 스타트업 M의 대표를 만나 대화를 나눌 수 있었다. 우리는 M 사에 부정적인 여론이 너무 확대된 상황이고 오랫동안 방치했기 때문에 미디어와의 골이 깊다고 솔직하게 직언했다. 대표는 한국 매출은 전체 매출의 5퍼센트밖에 되지 않기 때문에 한국 홍보에 대해서는 열외로 두고 있었다고 털어놓았다. 하지만 한국 홍보를 오랫동안 방치하다 보니 국내 채용에 상당한 어려움을 겪고 있다면서 국내 홍보를 시작할 시점이 됐다고 의견을 피력했다.

그해 12월, 스타트업 M은 세계적인 뷰티 유통 채널인 세포라와 두 번째 브랜드를 론칭해 국내와 미국에 보도자료를 배포할 계획이었고, 이를 계기로 국내 유력지와의 인터뷰를 마련하기로 했다. 인터뷰를 준비하면서 론칭 자체에만 초점을 맞춰 인터뷰할 경우에는 설득력이 약할 것이고, 오히려 현재 미디어에서 형성된 여론을 어떻게 해소할 것인가에 초점을 맞췄다. 흑자로의 전환과 적자 폭이 줄어든 것에 대해 확실하게 밝히고, 글로벌 뷰티 유통 채널인 세포라와의 첫 브랜드 론칭에 따른 성과 데이터를 제시해서 두 번째 브랜드 론칭 명분을 보여 줄 것을 설득했다. 논란과 부정적 여론을 정면 돌파함으로써 부정적 이미지를 해소하고 브랜드 론칭을 앞두고 기대감을 높이는 기회로 삼은 셈이다. 이 기사가 나가고 나서 수많은 기자들로부터 긍정적인 피드백을 받았다. 한국 스타트업의 글로벌 진출에서 가장 성공적인 스토리로 자리매김할 수 있는 모멘텀을 마련한 셈이다.

이처럼 논란에 위축되고 두려워하며 숨기보다는 위기를 역전의 기회로 삼을 수도 있다. 이를 위해서는 탄탄한 성장 데이터와 미디어를 설득시킬 수 있는 비전이 선행되어야만 한다. 논란은 언제든지 닥칠 수 있는 것이고 이를 헤쳐 나갈 맷집을 키우는 힘과 홍보 전략이야말로 성장하는 기업의 기본기가 될 것이다.

5

가치에 주목하라

흔히 장사와 비즈니스의 차이점이 무엇인지 자주 거론되곤 하는데 스타트업 홍보를 업으로 하는 입장에서 둘의 차이점을 들자면 '가치'를 요구하는 '지속가능성'이 아닐까 싶다. 벤처캐피털이나 엑셀러레이터가 투자나 육성팀을 발굴할 때 스타트업 측에 묻는 질문이 바로 '어떤 문제를 풀고자 합니까?'라는 것인데, 이때 문제는 파괴적 혁신이 가져올 '지속가능성'과 '사회적 가치'에 대한 전망을 함의하고 있다.

스타트업 홍보는 스토리와 데이터를 통해 성장의 과정과 열매를 발견하고 알리는 것을 주목적으로 하고 있지만, 한편으로는 파괴적 혁신이 향하는 '가치'를 발견하고 의미를 부여해 '가치 있는 기업'으로 보일 수 있도록 항상 성찰하는 숙제인 동시에 고객사 대표와 C레벨(대표와 임원들)과 나누고 있는 가장 깊은 대화 주제이기도 하다. 그들의 비즈니스에 존재하고 있으나 미처 발견되지 못한 '가치'를 찾고 이를 담은 키워드로 만들어서 피칭한다.

스타트업을 위한 신용카드를 매개로 하는 서비스형 뱅킹BaaS, Banking as a Service 스타트업인 고위드gowid가 대표적인 사례다. 특히 고위드의 김항기 대표는 스타트업계에서는 보기 드문 금융시장과 벤처캐피털 경험을 함께 갖춘 인물이다. 덕분에 혁신 산업과 금융의 역할에 대한 인사이트 넘치는 이야기를 들을 기회가 자주 있었다. 우리는 현재 금융산업이 과거의 기준에 박제되어서 디지털 트랜스포메이션 시대의 혁신 산업으로 흐르지 못하는 현상을 예리하게 짚은 '금융의 본질'이란 키워드를 고위드가 만들어 내는 가치로 키워드화했다. 또 미래와 현재 가치를 전혀 담아내지 못하고 있는 후진적 인프라 중 가장 대표적인 제도인 '신용평가 시스템'에 대한 아주 도전적인 문제 제기를 했다.

현재 네이버파이낸셜과 캐시노트 등에서 소상공인을 대상으로 하는 신용평가 제도를 만들고 있고, 금융위원회에서도 기존의 신용평가 제도를 점수로 환산하는 방식을 2021년 1월 1일부터 도입하는 등, 1985년 도입되어 35년 넘게 유지하고 있는 신용평

새로운 신용평가 시스템이 금융을 뒤흔든다

신용평가제도는 1909년 미국에서 처음 시작됐고 1930년대 대공황 이후 자리 잡았다. 우리나라에서는 1985년에 도입돼서 1998년 외환위기 이후 본격화됐다. 그런데 지난 35년 가까이 견고했던 한국의 신용평가 시스템에 격변이 오고 있다. 인터넷이 세상의 질서를 바꾸고 모바일이 디지털 자본주의의 새로운 역사를 쓰고 있자만 신용평가제도는 변화는 세상의 가치를 담아내지 못했기 때문이다. 따라서 기존의 신용평가시스템을 견디지 못한 시장이 스스로 새로운 신용평가제도를 만들고 있다.

최근 네이버의 금융 자회사인 네이버파이낸셜이 스마트 스토어에 입점한 중소 사업자의 매출 흐름과 반품률 등 각종 실시간 데이터를 활용해 자체 신용등급을 개발하고 사업는 대출도 시작했다. 카너스토 서비스를 제공하는 한국신용데이터도 개인사업자의 신용평가를 위해 매출 증가율 등 사업자의 실제 운영 데이터를 활용하는 신용평가 모형을 구축했다. 이런 새로운 신용평가가 모델은 모두 이렇는 기존 금융 데이터에 근거한 신용평가가 모델보다 급격하는 비즈니스 상황을 반영할 수 있기 때문에 나타난다. 포털과 데이터 스타트업의 학습에 시중은행들도 인공지능(AI)과 머신러닝을 이용한 신용평가 모델을 개발하고 있다. 신용평가 시스템은 그야말로 대변화의 중심에 서 있다.

신용평가 시스템의 변혁은 기업에만 해당하는 일이 아니다. 정부의 개인 신용평가 시스템도 대변혁의 물살이 거세다. 당장 올해 1월1일부터 정부는 기존의 1등급에서 10등급으로 분류되던 대신 신용점수를 1점별로, 본인의 신용점수가 전체에서 상위 몇%에 해당하는지 표시되고, 공과금 납부나 온라인 쇼핑, 소셜미디어 정보 등 비금융 정보도 활용하는 등 비정형화된 군의 신용평가가 방식도 개선될 예정이다. 홈웰 출범한 토스뱅크 역시 신용도가 중금 수준인 사람들을 위한 대안 신용평가 시스템을 개발 중이다. 인테크 스타트업인 크레파스솔루션은 소셜미디어의 빅 디지털 풋프린트라는 행동 분석을 통한 대안 신용평가 시스템을 내보낸다.

필자가 이끄는 고워드 역시 스타트업에 최적화된 신용평가 시스템을 개발했다. 플랫폼 기업이나 온라인 기업은 디지털 트랜스포메이션 시대의 성장을 주도하고 있자만 공장이나 부동산, 운송 자산과 같은 성장의 결과물을 만들어내지 않는는 이들의 자산은 온라인에 존재하는 디데이터의 현금 흐름에 있다. 이제 은행과 지급결제사인, 국제정과 기타 금융 데이터 등을 실시간으로 수집, 분석해 기업의 현재와 미래 가치를 평가로 혁신 기업의 신용평가 시스템을 개발한 것이다.

과거의 가치를 청중성같이 얻고 있던 기존의 신용평가 시스템은 '시장의 필요'라는 거대한 힘을 맞아 큰 혁신을 앞구하고 있다. 이대한 니즈를 넘은 여러 신용평가 시스템은 혁신산업의 모습기를 바꾸는 핵심 인프라가 될 것이다.

시장의 힘을 이기는 제도는 결코 오래 존재할 수 없다. 변화의 주역이 될 것인가, 변화의 대상이 될 것인가에 따라 승자가 결정될 것이다. 오랜 시간 동안 기존 질서에 매몰됐던 한국의 금융시장은 이제 절체절명의 기로에 서 있다. 이 기로에서 퇴행하고 다시 숨어버릴 것인가, 아니면 파괴적 혁신으로 새롭게 발돋움을 내보낼 것인가? 한국 금융 산업의 혁신을 결정할 시간이 얼마 남지 않았다.

김항기 고워드 대표

필자는 15년간 증권사 애널리스트를 한 후, 알엔케이자산운용사 설립해 택터펀드매니저와, 마켓필드, 삼성증권 애널리스트를 진행했던 사람들을 위한 스타트업을 위한 B2B 서비스를 제공하는 핀테크 스타트업 고워드의 대표를 맡고 있다.

〈《동아비즈니스리뷰(DBR)》 2021년 1월 12일자〉

📰 전자신문
2020년 12월 15일
26면 (오피니언)

파괴적 혁신 시대

ET단상

김항기
고워드 대표
until99@gowid.com

"앞으로는 돈이 신용 있는 사람을 찾고, 좋은 기업을 찾아낼 것이다. 빅데이터, 클라우드, 블록체인 등 기술이 이것에 충분하다. 빅데이터가 답보를 대체할 수 있을 때 진정한 신용관리가 가능해질 것이다. 데이터가 진정한 신용이 돼야한 한다."

지난 10월 24일 중국 상하이에서 열린 아이탄 금융 서밋에서 마윈 알리바바 창업자가 한 연설의 일부다. 이 연설로 인해 앤트파이낸셜 상장(IPO)은 무산됐지만 마윈의 연설은 디지털 전환 시대를 맞아 혁신과 금융의 본질을 생각해 보게 하는 명연설이었다.

마윈 연설은 한국 현실에 그대로 적용된다고 해도 과언이 아니다. 올해 들어 코스피 시가총액 변화는 산업 패러다임이 어떻게 변화되고 있는지 보여 주고 있다. 지난 10월 코스피 시가총액 순위에서 네이버가 3위, 카카오가 9위를 각각 기록했다.

네이버 설립 연도는 1999년으로 이제 13년차 기업이고, 카카오는 올해 설립 10년밖에 되지 않는다. 2014년 유통업에 본격 뛰어드는 쿠팡의 현재 기업 가치는 약 15조원으로, 이마트·롯데·현대백화점을 합친 것보다 높다. 기업 가치뿐만이 아니다. 일자리 측면에서도 쿠팡의 올해 10월 고용 인원은 3만6000여명으로 삼성전자와 현대자동차 다음으로 많은 일자리를 창출하고 있다.

중소벤처기업부 발표에 따르면 지난해 스타트업과 벤처가 만들어 낸 일자리는 86만개로, 대기업 1대 그룹에서 6대 그룹을 합친 것보다 많다. 코로나 팬데믹 상황에서도 올해 100만개 이상 일자리를 만들어 낼 것이란 전망이 나오고 있다.

그러나 질서 재편이 가져오는 의미를 기존 금융 산업은 애써 외면하거나 당혹감을 보일 뿐이자도 구조안에 사로잡혀 있다. 기존 금융 자본이 혁신 산업에 흐르지 않고 있기 때문이다.

금융의 본질은 명확하다. 자본이 필요한 곳에 돈이 흐르도록 하는 것이 바로 금융이다. 자본주의 역사를 살펴보면 기업 성장 결과물로 부동산, 공장, 운송자산 등이 생성된다. 금융은 이 자산을 기반으로 자본을 공급하기 위해 등기 같은 등록제도를 만들었다.

그러나 디지털 전환 시대 성장을 주도하는 혁신 산업인 플랫폼 기업, 온라인 기업은 성장 결과물로 공장·부동산·운송 자산이 생성되지 않는다.

애플, 구글, 우버, 에어비앤비 같은 플랫폼 기업은 기존 자산이나 인프라 위에서 효율성을 극도로 높이다 보니 부동산 등 영업 자산이 생성되지 않는다. 아마존·마이크로소프트(MS) 같은 기업이나 우리나라 카카오·네이버 등도 회사 자산이 온라인에 존재하다 보니 이들 자산은 과거와 같이 등기 등록이 가능한 자산들로 축적되지 않는다.

그대로 혁신기업의 자산은 데이터와 현금 흐름이다. 기존 금융 산업은 혁신기업 성장의 열매인 빅데이터와 현금 흐름에 주목하지 않고 있다.

마윈의 연설처럼 빅데이터와 현금 흐름을 측정하고 자산화해서 담보로 충분히 대체할 수 있음에도 외면하고 있다.

한마디로 자본이 필요한 곳은 변했는데도 기존 금융 산업은 자본이 필요한 혁신산업을 외면하고 있다. 이로 인해 자본 격차는 커지고 있고, 심지어 한국 경제의 성장 속도마저도 늦춰지고 있다.

더 이상 금융이 혁신 걸림돌로 남아서는 안 된다. 이제 한국 금융 산업은 본질을 회복해야만 한다. 자본이 필요한 곳에 자본이 흐르도록 하는 것이 금융의 본질이고, 성장하는 혁신산업에 자본을 어떻게 공급할지에 대해 금융권은 고민해야 한다.

마윈의 의미심장한 연설은 한국 금융권이 깨어날 것을 촉구한다. 금융은 미래를 향해야만 한다. 우리가 좋아하든 좋아하지 않든 미래는 반드시 온다.

(20.4*14.3)cm

〈《전자신문》 2020년 12월 15일자〉

가 제도가, 시장의 다양한 플레이어들이 변화의 대안을 제시하는 일련의 흐름들이 홍보를 위한 가장 적합한 시점이라고 판단했다.

우리는 고위드가 단순히 스타트업을 위한 신용카드가 주목적이 아닌 신용평가 시스템에 대한 가치를 조명함으로써, 데이터와 현금 흐름에 근거한 고위드만의 신용평가가 혁신 산업으로 자본이 흐를 수 있도록 하는 금융 인프라를 만들 것이라고 가치를 부여하고 알렸다. 비즈니스의 본질에 깊숙이 자리하고 있는 가치를 발견하고, 홍보에 적합한 언어로 만들고, 파편적으로 산재한 신용평가 변화에 대한 정보들을 모아 분석함으로써 미디어에서 주목할 수밖에 없는 키워드로 만들어 낸 셈이다.

최근 2~3년 사이에 데이터는 21세기의 원유이고 데이터가 부를 만들어 낸다는 전망을 자주 듣는다. 우리는 이런 흐름을 예리하게 포착해서 고객사 대표 이름으로 〈이한주의 데이터 자본주의〉라는 시리즈 칼럼을 연재하기도 했다. 모든 언론에서 데이터가 중요하다고 숱하게 기사화했지만, 과연 스타트업들이 데이터를 활용해 어떤 기회를 만들고 있는지 기사화된 적은 별로 없어서 홍보 아이템으로 삼았다. '구슬이 서 말이라도 꿰어야 보물이다'라는 속담처럼 데이터라는 구슬을 잘 꿰서 보물로 만들고 있는 고객사들의 데이터 활용 사례를 모으고 기사화 가능한 기획을 했다. 이를 통해 가치 있는 스타트업으로서 자리매김할 수 있는 대표적인 사례로 스토리텔링했다. 이 기사에서는 환율 데이터를 활용해서 문자 알림 메시지를 보내고 송금율을 부쩍 높인 센트비, 빅데이터로 고객에 맞는 사이즈를 추천해 주면서 고객 만족도를 높인 코니바이에린, 위시 리스트를 활용해서 클릭율과 주문율을 높인 클로젯셰어, 고객 성향을 파악하고 추천함으로써 유료화를 높인 플레이키보드 등의 스타트업이 소개됐다. 생생한 실제 사례를 통해서 데이터가 스타트업에 얼마나 중요한 자산이 되고 있고, 이 자산들이 실제 성장을 어떻게 이끌어 냈는지 제시함으로써 혁신적 브랜드를 가진 스타트업으로 포지셔닝하는 데 아주 성공적인 케이스가 됐다.

시급제 근로자를 위한 금융 서비스를 하는 핀테크 스타트업 엠마우스의 경우, UNCDF(유엔자본개발기금) 긱 이코노미 챌린지에서 수상하는 경사가 있었다. 솔직히 UNCDF 수상은 스타트업으로서는 매우 의미 있는 사안이었지만 기획기사화 될 만큼의 아이템은 아니었다. 하지만 기자가 이 사안을 기사로 쓰려면 어떤 접근이 필요할지 치밀하게 고민했다. 이를 조명하기 위해 코로나19 팬데믹 이후 급격하게 늘어나고 있는 긱 워커*의 실태와 그들이 처한 금융 현실을 조명함으로써 엠마우스의 페이워치가 가진 포용적 금융 가치를 최대한 끌어낼 수 있게 기획했다. 우리는 심사를 담당했던 UNCDF 관계자의 인터뷰는 물론이고 긱 워커들의 금융 실태를 보여 주기 위한 설문조사까지 진행해 논리적 설득력을 갖췄다. 이 기사를 통해 코로나19 팬데믹 이후 폭발적으로 증가한 긱 워커들을 위한 금융 시스템이 필요하고, 이런 시대정신을 담은 서비스가 엠마우스의 페이워치라는 가치를 끌어냈다.

　위의 사례들처럼 정량적인 성장 수치도 너무도 중요하지만 그들의 비즈니스가 향하고 있는 '사회적 가치'를 알림으로써 스타트업의 파괴적 혁신이 가진 의미를 조명하고 명분과 가치를 조명하는 홍보야말로 '어떤 문제를 풀고자 하는 것인가?'라는 질문에 대한 가장 근본적이고 지속가능한 해답이 될 수 있을 것 같다.

((🔔))

긱 워커Gig worker 고용주의 필요에 따라 단기계약을 하고 일회성 일을 맡는 근로자.

홍보의 마법, 스타트업 전쟁에서 살아남기

주요 각 이코노미 기업 주가 상승률과 순이익

우버(미국, 교통)	리프트(미국, 교통)	일러버이트(미국, 음식 배달)	도어대시(미국, 음식 배달)	에어비앤비(미국, 숙박·관광)
70.21% 상승	16.10% 상승	66.85% 상승	63.09% 상승	131.32% 상승
-7억2400만달러	-2억2773만달러	-5억9431만달러	-4883만달러	-9억1400만달러

'페이워치'앱, 매일 출퇴근 시간 입력하면 급할때 가불도 해줘

'긱 워커' 돕는 국내외 스타트업

미국 '체키'는 경력 조회 서비스

긱 이코노미(gig economy·임시직 경제)의 대표 격인 배달 기사는 대부분 소득이 없는 프리랜서 '긱 워커(근로자)'다. 배달앱(음식·요기요·쿠팡이츠 등) 에 달 플랫폼을 가입자 일으킬 음식을 맡겨서 한 주문을 받고 달리 서울 돌아온다서 비용으로 받는다.

위더하우스가 서비스하는 앱 '페이워치'는 아르바이트생을 등 근로자가 출근 시 시간을 입력하면, 급할 그중이 연봉에서 미리 받을 수 있는 기능이다. 근로자가 최근 30만원까지 이용할 수 있다.

『소파이 긱 이코노미 ETF』 관련 기업만 집중투자 지난 3개월 수익률 34%

긱 이코노미 투자법

긱 이코노미 회사를 무루 골라 쉽게 분산 투자하려면 '소파이(SoFi) 긱 이코노미 ETF'(티커:GIGE)가 지금으로선 가장 적합하다.

긱 이코노미와 공유 경제

6

레거시 산업을 우호군으로!

2019년 말부터 2020년 초까지 한국 사회는 전통산업과의 대립에서 엄청난 진통을 겪었다. 앞서 언급했지만, 2019년 카카오택시와 타다가 등장하면서 모빌리티 분야는 레거시 산업과 혁신 산업 간 갈등의 최전선이 됐다. 개인적으로 타다 서비스는 엄청난 IT 기술을 보여 줬다기보다는 단 한 번도 변화하지 않은 공급자 중심의 교통수단인 택시 산업에서 처음으로 소비자 중심의 경험을 선보였다고 평가한다.

운송비 부담률 9퍼센트를 차지하는 택시는 많은 승객들, 특히 여성들에게 시끄럽거나 지저분하고 때론 무례한 교통수단으로서 인식되어 왔다. 타다는 바로 이런 인식을 바꾸고 철저하게 비용을 지불한 승객을 위한 서비스로 전환했다. 깨끗하고 조용하고 친절한 택시 서비스를 처음 경험한 소비자들은 열광했고, '경험의 혁신'이 얼마나 중요한지 가르쳐 줬다.

그럼에도 불구하고 점화된 타다 사태의 원인은 정책 조정 역할을 외면한 정부 당국과 입법의 주체인 국회에 가장 큰 책임이 있다고 생각한다. 하지만 그들 못지않게 결정적인 원인은 타다가 택시 산업과 종사자들을 낙오자로 치부한 커뮤니케이션 전략에 있다고 조심스럽게 판단하고 있다. 미국에서 트럼프 전 대통령이 당선될 수 있었던 현실의 이면은 IT 기술에서 소외된 러스트벨트˙ 백인들의 열등감에서 비롯됐다는 교훈을 어쩌면 타다는 외면했을지도 모르겠다. 이런 현상을 심각하게 받아들이고 레거시 산업을 어떻게 포용하고 사회적인 커뮤니케이션을 할 것인지에 대한 판단의 결여가 결국 타타 사태를 초래한 게 아닐까 싶다.

우리가 홍보를 대행하고 있는 고객사와 고객사가 투자한 포트폴리오사 중에는 이른바 레거시 산업을 혁신시키는 스타트업들이 꽤 있다. 웨딩업, 렌터카, 헬스케어, 제약업까지 아주 다양한

((🔔))

러스트벨트Rust Belt 제조업의 중심지로 호황을 누렸으나 사양길에 접어들며 불황을 맞은 미 북동부 지역.

레거시 산업의 공통점은 정보의 불투명한 부분이 있는 전형적인 레몬마켓이라는 것이다. 한편으로는 너무 오래 기득권을 독식 중인 기존의 관계자들이 존재하면서 철저하게 소비자는 소외되는 공급자 중심의 산업이기도 하다. 다행스럽게도 우리 고객사들은 이들을 혁신의 대상으로 삼는 것이 아니라 레거시 산업 이해관계자들을 혁신에 참여시킬 수 있도록 IT 기술을 제공하고, 수익이 향상된다는 점을 설득함으로써 파괴적 혁신과 상생이 가능한 모델을 입증하고 있다.

일단 레거시 산업을 혁신하는 스타트업의 홍보를 맡게 되면 관련 업계의 이해관계와 실태들에 대해 고객사와 면밀하게 대화하고 고민을 파악하면서 메시지 전략을 수립한 후 실행에 옮긴다. 특히 관련 산업계에 대한 꼼꼼한 모니터링을 하는 것은 물론이고 관련 업계 기자들과의 커뮤니케이션도 과감하게 실행한다. 예를 들어, 어반데이터 스타트업 모토브의 경우, 택시업계와 옥외광고업계는 물론이고 스마트시티와 도시 안전 분야까지 매일 모니터링하면서 홍보의 접점을 마련했다. 렌터카 가격 비교 플랫폼 카모아의 경우에는 생활, 자동차, 관광 담당 기자들과의 커뮤니케이션을 한다. 건강기능식품 구독 서비스인 모노랩스는 헬스케어와 제약 담당 기자는 물론이고 생활 및 유통 분야의 식음료 담당 기자들과 커뮤니케이션하고 있다.

AI 제품 추천·카톡으로 '섭취' 알림…디지털 손잡은 헬스케어

2020년 지구촌은 혹독한 시련을 마주하고 있다. 지난해 12월 31일 세계보건기구(WHO)에 코로나19 의심 사례가 보고된 지 약 11개월 만에 전 세계 누적 확진자가 6000만명을 돌파했다. 특히 11월 8일 5000만명에서 6000만명으로 불어나는 데 불과 17일밖에 걸리지 않았다. 제3차 대유행에 들어선 것이다.

코로나19 팬데믹은 지구촌 모든 질서를 바꿔놓고 있다. 비대면은 일상이 되고 관계를 유지하는 기본으로 자리 잡았다. 경제와 산업에서는 산업혁명에 버금가는 변화와 혁신이 일어나고 있다. 특히 코로나19로 인해 자신과 우리 가족의 안전과 건강을 지켜야 한다는 점은 눈이 헬스케어 산업의 폭발적 성장으로 이어지고 있다. 실체로 애플, 구글, 아마존 같은 글로벌 정보통신기술(ICT) 기업들이 헬스케어에 진출해 병원과 ICT 기업, 헬스케어 기업 간의 협업을 통해 생태계를 구축하고 있다.

헬스케어 시장의 폭발적 성장은 건강기능식 시장에서도 이어지고 있다. 건강기능식품과 디지털이 결합되면서 편리하게 건강 관리를 할 수 있는 서비스들이 헬스케어 시장에 변화의 바람을 불러일으키고 있다. 한국건강기능식품협회는 국내 건강기능식품 시장 규모를 지난해 4조 5800억원에서 올해 10% 이상 성장한 5조원 이상으로 내다보고 있다.

코로나19로 인해 건강기능 식품에 대한 관심이 높아지면서 글로벌 시장 흐름도 거세지고 있다. 올해 9월 바이엘은 개인 맞춤형 건강기능식 스타트업인 케이오르의 경영권을 약 2억2500만달러(약 2564억원)에 인수했다. 네슬레 헬스사이언스는 맞춤형 비타민 팩 구독 서비스 기업 페르소나를 인수하는 등 건강기능식품 시장을 둘러싼 열기는 더 뜨거워지고 있다.

코로나19로 인한 계층의 헬스케어 시장, 특히 건강기능식품 분야의 변화는 한국도 예외일 수 없다. 모노랩스는 작영매장 6개와 제휴 약국을 통해 개인 맞춤 건강기능식품 구독 서비스를 런칭 만반의 준비를 완료했다. 특히 비대면에 대한 소비자의 욕구를 반영해 키오스크를 통해 문진을 하고 인공지능(AI) 추천 시스템으로 개인별 건강 상태에 최적화된 건강기능식품을 맞춤형으로 제공한다. 소비자들은 카카오톡과 연동돼 섭취 알림과 관리도 받을 수 있다.

모노랩스의 구독형 건강기능식품 서비스에 있어 가장 중요한 파트너는 국민 건강 최일선에 있는 '약국'이다. 아직은 혁신의 수혜를 받지 못한 약국 현장에서도 소비자들의 비대면 요구를 반영해 맞춤형과 구독형 건강기능식품을 통해 약국의 수익을 향상하는 것을 목표로 삼고 있다. 약국의 성장과 약사의 수익 향상이 곧 모노랩스의 성장과 직결되는 만큼, 약국은 모노랩스의 가장 핵심적인 성장 파트너이기도 하다. 이를 위해 최근 약국 체인과 협업을 체결하고 본격적인 동반 성장의 발걸음을 내디뎠다. 이번 협업을 통해 우리는 혁신의 수혜를 경험한 약사와 약국이 더 혁신적인 서비스를 할 수 있는 혁신의 주체로 거듭날 것이라고 믿고 있다.

변화의 혁신을 두려워하고 기존 질서에 갇히면 결국 옭아맨 손수레에 한숨이 모래만이 남을 것이다. 하지만 손을 내밀어 변화와 혁신이라는 손을 잡게 되는 순간, 성장할 수 없는 기회의 순간이 다가오게 된다. 과연 한국의 헬스케어 플레이어들은 두려움에 갇힐 것인가, 아니면 과감히 손을 내밀어 다른 플레이어에게 손을 잡고 기회를 만들어낼 것인가. 코로나19의 위기는 한국의 헬스케어 산업에 선택을 요청하고 있다.

소재한 모노랩스 대표

《매일경제》2020년 12월 3일자

우리는 레거시 산업 관련 종사자들의 협력이 성장의 핵심 중 하나라는 사실을 너무도 잘 알고 있다. 때문에 상생의 메시지를 기사와 기고 등을 통해 수시로 알린다. 또 레거시 산업을 혁신시키기 위해 그 산업의 종사자들과 어떻게 대화하고 그들을 설득시켰는지에 대한 인사이트도 메시지에 담는다. 혁신의 대상이 아닌 혁신의 참여자를 만들기 위해 기울인 진정성 있는 노력을 알리는 한편, 레거시 산업을 혁신시키고자 하는 수많은 스타트업들에게 선배 기업으로서의 인사이트를 전달하고 있다.

한편, 타다 사태 이후 레거시 산업 종사자들은 IT 스타트업에 대한 일종의 트라우마가 생겼는데, IT 스타트업이 자신들의 밥그릇을 빼앗을지도 모른다는 두려움과 자신을 혁신의 대상으로 보고 훈계하려 든다는 반감도 갖고 있는 경우가 상당하다. 이들에게는 스타트업이 갖고 있는 IT 기술의 혁신성을 내세우기보다는 상생의 진정성을 보여 줌으로써 마음을 열게 하고, 실제 수익에도 도움이 된다는 사실을 경험하게 해야만 한다. 우리는 주요 매체뿐만 아니라 전문지를 통해서 업계 관계자들에게 직접적이고 우호적인 여론이 전달될 수 있도록 하고 있다.

특히 전문지의 경우 기자 풀이 대중지에 비해 소규모고 관련 업계와 직접적인 접촉이 많기에 우호적인 여론을 형성하는 데 결정적인 역할을 한다. 이런 이유로 종합지나 경제지 같은 대중지

전통산업 재도약…'혁신'과 손 잡기에 달렸다

지난 10여 년간 시간은 가장 빠르고 혁신적으로 인류의 삶과 일터를 바꿔놓고 있다. 거의 모든 서비스가 모바일앱에서 구현되고 플랫폼으로 연결되며 특히 코로나19 팬데믹은 언택트 서비스에 눈뜨는 계기가 됐다. 인류 역사상 단 한 번도 경험하지 못한 새로운 질서가 생겨났지만 인류는 놀라울 정도로 짧은 시간 안에 익숙해지고 더 혁신적인 서비스를 요구하게 됐다.

전통산업 영역에서도 혁신의 바람이 거세다. 소비자들은 이제 투명한 정보와 편리한 서비스를 당연하게 여기게 됐고, 바로 여기서 혁신이 발아되면서 스타트업들에 혁신의 주인공이 되는 기회를 제공하고 있다. 평생 한 번 경험하는 웨딩 서비스는 웨딩 산업 종사자와 웨딩 플래너에 의해 독점되면서 정보의 비대칭성이 극한에 다다른 영역이었다. 하지만 '웨딩북'과 같은 웨딩 플랫폼은 공급자 중심에서 소비자 중심 시장으로 웨딩 산업을 변화시키고 있다. '굿닥' 같은 헬스케어 플랫폼은 비급여 의료서비스 평가 시스템을 통해 투명한 정보와 질 높은 서비스를 제공하는 병원에 대한 소비자의 선호가 생기면서 소비자의 편익을 높일 뿐만 아니라 정보의 비대칭성을 해소하고 있다.

모빌리티 분야에서도 혁신의 바람은 예외일 수 없다. 모빌리티 영역 스타트업들은 갈등과 대립의 프레임을 뛰어넘어 상생의 프레임으로 혁신에 소외되는 전통적 모빌리티 종사자들을 혁신의 파트너로 삼고 있다. 택시 산업에 '소비자 경험'이란 혁신을 불어넣은 '타다' 이후 전통적인 모빌리티 분야에서도 혁신의 시도가 생겨나고 있다. '반반택시'는 자발적 동승을 통해 소비자의 경제적 효율성과 택시 운전자의 수익을 높이고 있고, '모브브'는 택시 전광등에 지역광고를 실어서 택시 운전자뿐만 아니라 지역 소상공인들의 광고 효과를 높이고 있다.

레거시 산업으로 치부돼 왔던 렌터카 업체에 정보기술(IT)을 더해 중소 렌터카 업체에 매출을 높여주고, 고객에게는 정확한 정보를 실시간으로 제공하면서 '카모아'도 모빌리티에 혁신 드라이브를 걸고 있다. 렌터카 산업은 2019년 7조7000억원에서 2025년에는 25조원 규모로, 연평균 17.6%로 고성장하고 있다. 하지만 대기업이 시장에서 59.1%를 차지하는 반면, 200~300여 대를 운영하는 중소 렌터카 업체는 40.9% 수준으로 명성을 벗어나지 못하고 있다. 이들

중 상당수가 차량 예약 관리를 하기 위해 화이트보드에 차량 변호와 예차를 일일이 수기로 적고 엑셀도 정리하는 정도였고, 조금 나은 업체는 수십 년 전에 나온 전사적자원관리(ERP)를 쓴다. 여기에 온라인 광고비와 소셜커머스의 비싼 수수료까지 부담하여 수익성을 개선할 수 있는 시스템이 부재했다.

렌터카 산업의 혁신은 중소 렌터카 회사들의 경쟁력 강화에 있다고 확신하고 있다. 카모아는 업무 효율성을 높여주는 렌터카 업체 전용 ERP를 개발해 무료 배포하고 있다. PC나 애플리케이션을 통해 모두 사용할 수 있어 어디서든 고객을 응대할 수 있다. 중소 렌터카 업체와 고객 모두 상생할 수 있는 기틀을 마련하는 혁신을 통해 비약적 성장을 하고 있다. 렌터카 업체에서는

차량 가동률을 효율적으로 관리하며 매출 증대로 이어질 수 있다. 차량 대여 관리, 세차 상태, 수리 여부, 회수 장소 등을 실시간으로 확인할 수 있어 업체에서 매출 규모를 키울 수 있게 된다. 소비자들에게는 실시간 확정 방식의 가격 비교 및 예약 서비스, 투명한 고객 후기를 제공해 정보의 비대칭성 문제를 해결해 주고 예약 편리성을 높여줬다.

혁신에는 항상 전통의 따르기 마련이고 특히 혁신에서 소외되는 대상들의 저항은 결국 혁신의 브레이크가 되는 것을 우리는 경험했다. 하지만 혁신에 소외되는 대상을 상생 파트너로 삼을 때만이 혁신은 비로소 문이 열리게 된다. 독자적인 앱 고소외되지 않도록 함께 손을 잡고 가는 혁신이야 말로 더 큰 기회로 이어지게 된다는 사실은 스타트업에 도전하는 모든 이들이 기억해야 할 열쇠가 될 것이다.

홍성주 팀오투 대표

《매일경제》 2020년 11월 5일자

못지않게 세심하게 커뮤니케이션하면서 우호적 여론이 형성되도록 하는 동시에 업계의 반응을 파악하는 창구로 삼고 있다.

　최근에는 특히 규제 샌드박스를 통해 혁신 스타트업이 기회를 얻는 경우가 상당하고 관련 업계에서는 이를 둘러싸고 국회 입법 로비를 하는 경우가 많다. 때문에 표를 의식하는 정치인들 입장에서는 여론을 의식하지 않을 수 없다. 부정적인 여론은 정치인들은 물론이고 정책 당국자들에게도 부담이 될 수밖에 없기 때문에 혁신 스타트업에 대한 긍정적인 여론 조성은 규제 환경을 해소하고 기회를 만들기 위해 필수적인 정서적 인프라가 된다. 이러한 현실이 스타트업을 둘러싼 어쩔 수 없는 파괴적 혁신의 환경이라면, 이 또한 헤쳐 가야 할 숙제이며 긍정적 여론 조성이야말로 규제 해소를 위한 통과의례가 된다. 스타트업 홍보는 바로 이 통과의례가 조금 더 수월하도록 여론이라는 환경을 만드는 작업이기도 하다. 스타트업의 혁신이 대립과 갈등의 프레임에서 상생과 협력의 프레임으로 전달되고 긍정적인 여론으로 형성되는 것이야말로 스타트업 홍보의 가장 중요한 숙제다.

7

모멘텀을 활용하라

언론에서는 사건, 사고 같은 종류의 기사를 '발생'으로 분류하고, 특정한 목적으로 한 정보와 메시지를 포함시켜 기사화하는 것을 '기획'으로 분류하고 있다. 경제, 산업 뉴스에서는 큰 기업에서 수시로 일어나는 비즈니스 관련 사안을 발생으로 분류하고 있다. 스타트업 취재기자들은 네이버나 카카오, 쿠팡 등에서 일어나는 일들을 대부분 발생으로 분류하고, 나머지는 대표 인터뷰 기사나 특정 주제로 초점을 잡아 쓸 만한 기획기사 아이템을 수시로 찾고 있다. 기자들은 항상 새로운 아이템을 찾기 마련이고 우리는 이런 필요에 맞춰 우리 고객사의 경쟁력과 가치를 알리기 위한 기획 아이템을 수시로 모색한다. 사례와 스토리 등 관련 데이터를 찾고 기획안을 만들어서 기자들과 커뮤니케이션하는데, 이런 기획에 시의성까지 갖춰진다면 기사화되는 피칭 확률이 높아지기 때문에 캘린더를 수시로 살피면서 시기별 기획 아이템을 발굴한다. 명절이나 크리스마스, 여름휴가와 봄·가을 여행 기간, 장마철 같은 매년 돌아오는 시즌뿐만 아니라 특정한 기념일들도 놓치지 않고 기획 아이템과의 연계고리를 찾는다.

한번은 3월 8일 국제여성의날을 앞두고 여성 벤처캐피털리스트와 여성 스타트업 CEO들을 대상으로 한 기획 아이템을 준비한 적이 있다. 유니콘기업 10여 개가 나올 정도이고 스타트업과 벤처캐피털이 만들어 내는 일자리가 100만 개를 차지할 만큼 한국 경제에서 스타트업은 더 이상 대안적 기업이 아닌 메인스트림으로 자리를 잡았다. 하지만 여성 벤처캐피털리스트 중 대표는 겨우 세 명 정도다. 사회 곳곳에서 여성 비율이 높아지고 있지만 스타트업계에서는 아직 젠더 균형이 먼 것이 현실이다. 다른 업계와 마찬가지로 스타트업에서 여성 CEO가 차지하는 비율은 많지 않으며 겨우 8퍼센트에 불과하다. 이런 현실을 알리고 스타트업계의 젠더 균형 이슈를 이끌어내기 위해 우리는 2020년 1월 중순부터 기획을 준비하고 언론사를 접촉해 2월 말 기자취재가 이뤄졌다.

벤처캐피털 TBT의 경우, 이람 대표가 여성이고 투자사의 3분의 1 정도가 여성이 차지할 만큼 큰 애정을 갖고 여성 후배를 육성하고 있다. 취재 대상은 이람 대표와 함께 TBT에서 투자하고 있는 여성 스타트업 CEO 3인을 대상으로 했다. 담당 기자가 "뭐 새로울 게 있을까요?"라며 반응할 정도로 이 기사를 피칭할 때 기사 비중에 대한 기대치가 낮았다. 하지만 정작 취재에 들어가고 나니 너무도 생생한 스토리가 오갔다.

"애 있어요?"

이 말은 놀랍게도 이 자리의 여성 CEO들이 투자 유치를 위해 벤처캐피털과 미팅할 때 공통적으로 듣는 질문이었다. 아직도 젠더 이슈에서는 기울어진 운동장인 스타트업계의 현실을 잘 드러내는 말이기도 했다. 취재 과정에서 CEO들이 털어놓은 아쉬운 현실과 실태 그리고 그에 못지않은 인사이트가 넘쳐나면서 이 기획은 여성의날에 전면 기사가 됐다. 이 기사를 통해 설립 1년 반 동안 인지도가 낮았던 벤처캐피털 TBT의 위상을 보여 주며 여성 벤처캐피털리스트가 여성 창업자에 투자한다는 예각이 분명한 기사로 TBT의 차별성과 경쟁력을 알리는 기회가 됐다.

이 밖에도 9월 4일 지식재산의 날을 맞아 지식재산권을 비

113

총기·똘기로 뭉쳤죠…세계 누빌 '女벤처스'

VC업체 TBT 이끄는 이람 대표, 후배 여성 CEO 육성 앞장
정수영 매스아시아·김한나 그립·박경미 슈슈코스메틱 대표

"로컬 탤런트(Local Talent)를 갖고 고잉 글로벌(Going Global)을 할 수 있는 스타트업과 함께하고 싶습니다."

벤처캐피탈(VC) TBT를 이끌고 있는 이람 대표. 그에게는 수많은 타이틀이 붙어 있다. 2000년대 싸이월드 기획팀장으로 활약하며 해당 서비스를 론칭한 바 있고 이후 NHN 소셜서비스기획그룹장과 캠프모바일 대표들을 맡으며 네이버 블로그·카페 밴드들이 잇달아 그의 손을 거쳤다. 그런 그가 VC로 변신한 것은 2016년 미국으로 훌쩍 떠난 뒤 출연히 돌아온 2018년이었다.

'생각한 것이 현실이 된다(TBT·Thoughts Become Things)'는 모토를 가진 TBT는 창업 초기시 투자하는 스타트업이 20여 개에 불과하다. 하지만 택시 등승 플랫폼 반반택시, 공간기·영단기로 유명한 에스티유니타스 등에 투자하며 업계에서 주목받았다.

정보기술(IT) 업계 1세대 여성 최고경영자(CEO) 출신인 이 대표는 후배 여성 창업자들에게 남다른 애정이 있다. 남성 투자자들이 보지 못하는 장점을 찾아낸다. TBT가 투자한 소프트뱅크벤처스 중에 여성 CEO가 이끄는 스타트업 비중이 3분의 1을 차지하는 것도 이 때문일 터. 오는 8일 세계 여성의 날을 맞아 최근 서울 강남구 신사동에 있는 사무실에서 이 대표와 함께하고 있는 김한나 그립 대표, 정수영 매스아시아 대표, 박경미 슈슈코스메틱 대표들을 만났다.

—싸이월드·밴드를 성공시킨 '스타트기

획자'에서 투자자로 변신했다.
▶이 대표=TBT는 '로컬 탤런트, 고잉 글로벌'을 할 수 있는 스타트업을 찾는다. 창업자 총기(스마트)와 똘기(열정)를 본다. 스마트하면서 열정을 다하는 스타트업과 함께하고 싶다.

—그립도 영상 기반 라이브 커머스를 영위하는 스타트업이 독창적이다.
▶김한나 그립 대표=밀레니얼 세대는 영상으로 공부도 하고 인증도 하고 기도 하는 세대다. 사진보다 영상에 익숙하다. 영상을 보고 상품을 구매한다면 어떨까 라는 생각에 창업했다. 제주도를 가지 않고 물건을 살 수 있고, 별로 꼬막을 동영상을 보고

살 수 있다.

—커머스는 많은데, 차별점이 있나.
▶김 대표=라이브를 보는 고객에게 할인 예약을 준다. 또 실시간 채팅으로 상품에 대한 정보도 얻을 수 있도록 했다. 구매자와 판매자를 영상을 기반으로 서로 연결해주는 것이 그립만의 서비스다.

—'고고씽'은 유명한 서비스다. 하지만 모빌리티 분야는 경쟁이 치열하다.
▶정수영 매스아시아 대표=매스아시아는 관계 친화적 서비스를 제공하고 있다. 사실 킥보드 관리는 어렵다. 매스아시아는 이런 점에 착안해 고객에 참여하는 '고고씽 히어로즈'라는 고객참여형 리워드를 제공한다. 고객에게 '어디 어디 골목에 킥보드가 있으니 대로변에 놓아 달라'고 부탁하면 2시간 만에 정리된다. 젊은 남성뿐만 아니라 주부도 동참한다.

—창업한 계기가 궁금하다.
▶정 대표='고고씽'을 운영하기 전에 센서 기반 동선 인식 솔루션을 만들었다. 기업 간 거래(B2B) 사업에 비중을 둔 만큼 사용자 기반 기업과 소비자 간 거래(B2C) 서비스에 흥미가 있다. 특히 모빌리티 분야는 소비자 불편이 여전했고 공유 가치가 경쟁에 있지 않아 문제점들을 해결하고 싶었다.

—'고고씽'의 핵심 경쟁력은.
▶정 대표=사물인터넷(IoT)은 기술일 뿐이다. 어떤 산업에 접목될 때 폭발적인 힘을 낸다. 매일 쏟아지는 데이터에 숨겨져 있는 인사이트를 해석하고 시장에 적용하고자 한다.

이람 TBT 대표, 정수영 매스아시아 대표, 김한나 그립 대표, 박경미 슈슈코스메틱 대표 (왼쪽부터)가 서울 신사동 TBT 본사에서 손을 흔들고 있다. [이승환 기자]

주 7일 65시간 일해도 즐거워
CEO에 남녀 구분 의미없죠
10년후 中·프랑스서 최고 될 것

태계의 다양성 면에서 여성으로서 책임감을 느낀다.

—스타트업 어떤 면을 보고 투자하나.
▶이람 TBT 대표=기획 업무는 젊은 층 수요를 잘 파악할 수 있는 나이기도 한 것 같다. 경험이 쌓이면서 20·30대 창업자들을 도와주는 것이 내 임무라는 생각이 들더라.

—다른 VC보다 여성 CEO 스타트업을 많이 육성하고 있다.
▶이 대표=투자한 스타트업 중 약 3분의 1이 여성 CEO가 이끄는 곳이다. 그런 남녀 VC보다 탁월한 여성 창업가를 더 알아보는 것 같다. 스타트업 생

《매일경제》 2020년 3월 4일자

즈니스 기회로 삼고 성장 중인 다양한 스타트업을, 6월 5일 환경의날에는 환경 스타트업의 경쟁력을 연계하는 홍보를 중점적으로 했다. 시의성을 살린 기획은 기획기사 피칭 기회를 높일 수 있다는 점에서 스타트업들이 눈여겨볼 필요가 있다.

이처럼 성장을 보여 줄 수 있는 가장 효과적인 모멘텀을 찾고 언론과 대중의 주목과 신뢰를 받을 수 있는 전략과 홍보 방향이 필요하다.

한편, 글로벌 패밀리송으로 등극한 노래 〈베이비 샤크〉는 2020년에 각종 기록을 경신했다. 특히 2020년 11월 2일, 유튜브 조회수 1위를 달성하며 국내외 언론이 주목하고 전 세계적으로 5백여 개 기사가 쏟아졌다. 물론 우리는 이 기회를 미리 준비해서 1위가 되는 바로 당일 MBC 뉴스에서 기사를 내보내는 등 시의성을 최대한 활용했다. 〈베이비 샤크〉가 유튜브 1위를 하기전 3년 가까이 1위를 공고히 지킨 것은 미국의 라틴음악 가수 루이스폰시Luis Fonsi의 〈데스파시토Despacito〉로, 2020년 8월 그가 자신의 아이들과 함께 〈베이비 샤크〉를 커버하는 이슈를 최대한 활용했다. 미국과 동시에 보도자료를 배포하는 것은 물론이고, 2020년 최고의 스타가 된 트롯 가수 임영웅이 〈데스파시토〉를 커버해 1백만 뷰를 기록했다는 화제를 홍보 포인트로 삼아 연계시켰다. 이를 위해서 오디션 프로그램 〈미스터 트롯〉을 전담으로 취재하

임영웅도 반한 그 남자, 이번엔 아들딸과 "뚜루루뚜루♬"

유튜브 조회수 1·2위가 만났다… '아기 상어' 부른 가수 루이스 폰시 인터뷰

'데스파시토'로 전세계 물쓸
두 자녀와 함께한 '아기 상어'
2주 만에 유튜브 2000만뷰

"한국어로도 부를 날
오지 않을까요"

"베이비 샤크 뚜루루뚜루, 마미 샤크 뚜루루뚜루…"

첫 음절만은 "뚜루루뚜루" 라며 콧노래를 흥얼거리게 되는 동요 '상어 가족(영어명 아기 상어·Baby Shark)'. 2016년 유튜브에 오른 뒤 현재 62억 조회수로 역대 3위를 기록하고 있는 '전 지구적 히트곡'이다. 누구나 한 번쯤 불러봤고, 또 쉽게 따라 부르는 '이 노래'를 '이 남자' 가 앞에 담긴 세계가 또 한 번 휘둘리고 있다. 주인공은 푸에르토리코 출신 가수 루이스 폰시(42·원쪽 사진). 2017년 그가 작사·작곡한 '데스파시토' 로 미국 빌보드 차트 16주 연속 1위로 '유튜브 조회수 전 세계 1위'(69억뷰를 기록하는 등 7개의 기네스 기록을 보유한 '라틴팝의 황제'다.

조회수만 합쳐도 75억 세계 인구를 커낸 파이는 유튜브 조회 1·2위다 2 위와 만나. '전 세계에서 가장 매력적는 이 가수가 '전 세계에서 가장 중독성 있게 귀여운' 노래를 불러재낀 15일 유튜브에 공개하자 2주 만에 조회수 2000만뷰에 육박했다. 미국 빌보드지는 "많은 K팝 스타를 비롯해 가수 천소나, 코미디언 제임스 코든의 커버(cover·따라 부르기)까지 지나낸 빌보드 상곡 차트 '핫100' 32위에 오른 '아기 상어'를 루이스 폰시가 다시 한 번 열풍을 일으키고 있다"고 전했다.

↑ 《조선일보》 2020년 8월 6일자

던 기자와 접촉하고 국내 최초로 루이스폰시의 단독 인터뷰를 할 수 있도록 조율했다. 〈베이비 샤크〉와 루이스폰시 그리고 임영웅까지 각 콘셉트를 살리기에 최고의 기회였다. 이 기사는 당일 문화면 톱기사 외에도 네이버에서 가장 많이 본 기사가 되는 등 대중적인 화제를 모았다.

8 벤처캐피털^{VC}과 액셀러레이터^{AC} 홍보도 중요해!

최근 잘나가는 스타트업들이 투자자를 골라 투자 유치를 하는 현상이 자리 잡고 있다. 비즈니스모델이나 기술력이 좋거나 팀 구성원이 좋은 스타트업들이 나타났다 하면 금방 소문이 나면서 투자자들의 구애가 뜨거워지기 때문이다. 우리 고객사인 업스테이지의 경우, 2020년 10월 초 설립과 동시에 우리 회사를 통해 투자 의사를 밝혀 온 벤처캐피털이 꽤 있었다. 매월 마지막 주마다 디캠프에서 열리는 5개 스타트업을 선발하고 투자자 앞에서 경쟁하는 디데이에 가 보면, 갑과 을의 전세가 역전된 것처럼 유니콘이 될 만한 스타트업을 선점하기 위해 벤처캐피털 대표들과 핵심 심사 역들이 탐색전을 벌이는 현장을 볼 수 있다.

홍보의 마법, 스타트업 전쟁에서 살아남기

이처럼 투자 경쟁이 치열해지면서 벤처캐피털의 브랜드이미지도 중요한 시대가 됐다. 때문에 실리콘밸리의 벤처캐피털들도 자체 콘텐츠를 제작하고 스타트업들을 설득하는 추세가 나타나고 있다. 자본의 규모가 커지고 있고 유망 스타트업을 둘러싼 투자 경쟁이 치열해지면서 브랜드 관리 측면에서 자신들의 투자를 받아야 할 이유를 설득하는 것이다.

실제로 넷스케이프를 만든 마크 앤드리슨이 설립한 벤처캐피털 a16z는 팟캐스트와 뉴스레터, 분야별 산업 리포트 등 다양한 자체 콘텐츠를 만들고 있다. 국내에서도 스파크랩의 경우, 데모데이 영상뿐만 아니라 성장에 필요한 인사이트를 담은 다양한 영상 콘텐츠를 만들어 내고, 퓨처플레이의 경우 브런치와 유튜브, 다큐멘터리 제작까지 온드미디어Owned Media를 강화하면서 브랜드 가치와 스토리텔링 효과를 극대화하는 트렌드가 자리 잡고 있다.

쿠팡과 배달의민족, 크래프톤 같은 유니콘에 투자해서 스타트업 투자의 명가로 불리는 A 벤처캐피털의 경우, 홍보는 물론이고 HR 전문가를 기용해 피투자사의 C레벨 채용을 지원하고 있다. 이제 설립 3년 차지만 아주 핫한 B 벤처캐피털 역시 사내 변호사를 통한 법률 지원이나 회계사를 통한 재무 컨설팅을 지원한다.

또 홍보대행사를 활용해서 투자포트폴리오사에 대한 지원을 아끼지 않고 있다. 이처럼 VC/AC 홍보를 하는 이유는 무엇일까?

바로 성공적인 회수의 전제 조건인 제대로 된 성장을 위해서다. 항상 우스개처럼 하는 말이지만 스타트업들은 '잘하는 것 빼고 다 못하는' 기업이다. 그러다 보니, 못하는 부분을 지원해서 잘할 수 있도록 당근과 채찍을 함께 사용하는 것이다.

실제로 A 벤처캐피털의 경우 2주에 한 번씩 스타트업의 성장을 체크하고 성장에 집중할 수 있도록 하고 있는데, 여기서 투자한 우리 고객사 중 한 스타트업은 처음엔 비즈니스를 다각화하기 위해 여러 시도를 하기도 했으나 A사에서 집중할 곳을 명시하고 다른 곳으로 시선을 돌리지 못하도록 컨설팅했다. 선택과 집중을 하도록 한 셈이다. B 벤처캐피털의 경우 IT 서비스 최고 기획자였던 대표가 피투자사에게 도움이 되는 마케팅 조언을 통해 큰 성장을 이루는 데 기여하는 일도 있었다. 또 대기업 출신 구루^{Guru} 들의 경영에 대한 가르침을 받게 하기도 하고 협업을 할 수 있도록 연결하는 일도 있다. 투자한 스타트업이 제대로 성장할 수 있도록 지원을 아끼지 않는 현상을 두고 소프트뱅크코리아의 전 대표이자 현재 비전펀드를 총괄하는 문규학 대표는 '벤처캐피털은 교육업'이라는 정의를 내리기도 했는데, 실제로 벤처캐피털과 액셀러레이터의 아낌없는 지원을 가까이서 지켜보며 공감하지 않을 수 없다.

우리는 벤처캐피털로는 캡스톤파트너스와 TBT 그리고 액셀러레이터 스파크랩을 홍보하고 있다. 몇몇 홍보대행사에서 개별 스타트업을 홍보하는 경우가 있지만, 우리처럼 스타트업 생태계의 핵심 벤처캐피털과 액셀러레이터를 홍보하는 경우는 없다. 우리 회사가 벤처캐피털 홍보를 하게 된 것은 스파크랩 홍보의 성공 사례가 가장 결정적인 이유였다.

스파크랩 홍보 당시 요청받은 것은 딱 하나였다. 주요지에 스파크랩이 노출되어서 의사결정권자들에게 존재감을 보여 주고 싶다는 것이었다. 사실 처음엔 너무 막막했다. 어떻게 하면 미디어의 관심을 한꺼번에 모을 수 있을지 고민하다가 결국 판을 새롭게 짜는 승부수를 던졌다. 스파크랩 데모데이 행사장에 미디어센터를 열고 기자들을 초청하는 한편, 기자들이 좋아할 만한 글로벌 스타트업계의 쟁쟁한 연사들의 개별 인터뷰를 할 수 있는 기회를 마련했다. 국내 스타트업 데모데이에 미디어센터가 생긴 것도 초유의 일이었는데 결국 이 승부수는 정확하게 적중했다. KBS 9시 뉴스에 보도될 만큼 좋은 기사들이 쏟아졌고, 스파크랩 데모데이 미디어센터는 일종의 레전드처럼 여겨졌다. 이렇게 해서 스파크랩에 대한 주목도를 높이고 좋은 기사가 이어지면서 스파크랩의 존재감이 달라졌다. 스파크랩과 함께 창업지원센터인 마루180에 입주해 있는 캡스톤파트너스에서 홍보를 요청했고, 설립한 지 반년도 되지 않은 TBT도 당사의 존재감을 알리고

121

성장 잠재력이 높은 스타트업에 대한 투자발굴능력을 키우기 위해 홍보를 맡겼다. VC/AC 등 스타트업 생태계의 핵심 플레이어를 홍보함으로써 우리는 스타트업 생태계와 성장 시스템에 대한 이해를 높일 수 있는 교두보를 확보한 셈이 됐다.

우리 회사의 경우, VC/AC 홍보에서 일반적으로 자체 홍보를 20~30퍼센트, 투자 포트폴리오사 홍보를 70~80퍼센트 정도로 하고 있다. 자체 홍보는 벤처캐피털의 투자 철학이나 투자 성공 사례 등을 홍보하고, 펀드 조성과 투자 시행 같은 사안은 보도자료 형태로 홍보한다. VC/AC 홍보의 70~80퍼센트를 차지하는 투자 포트폴리오 스타트업에 대한 홍보는 분기별로 4~5개사 정도를 선정해 집중적으로 한다. 선정 과정에서 벤처캐피털 대표와의 정규 미팅을 통해 선정한 피투자사의 경쟁력과 투자를 단행한 이유 등에 대해 듣는다. 이것만으로는 모자랄 때가 많아서 선정된 스타트업에 IR 자료와 회사 소개서 등을 전달받아 우리 회사 내부에서 충분하게 스터디한 후에 한 시간 정도의 집중 인터뷰를 거친다. 이런 과정을 마치고 해당 스타트업에 대한 깊은 이해를 한 다음에 기자를 만나서 설득하고 기사화되도록 피칭하고 있다.

또 해당 스타트업에 대한 지원 홍보의 일환으로 피투자사의 비즈니스 협업이나 성과 등에 대한 보도자료 배포도 지원하고 있다. 한 가지 다른 유형은 투자를 시행한 스타트업들이 보다 집중적인 홍보를 통해서 J커브 성장[•]이 필요한 경우, 피투자사에 우리 회사를 소개해 홍보대행 계약을 맺고 집중적인 홍보가 이루어지도록 하는 경우도 종종 있다.

우리 회사에 홍보대행을 의뢰할 수 있을 정도로 아직 성장하지 못한 스타트업 입장에서는 벤처캐피털의 이런 적극적인 지원이야말로 천군만마 같은 도움이 된다. 실제로 벤처캐피털에서 선정해 집중 홍보를 하고 기사화가 됐던 스타트업들이 대기업과의 협업이나 채용 그리고 후속 투자까지 이뤄지는 경우가 많다.

이처럼 벤처캐피털과 액셀러레이터들이 우리 같은 홍보대행사를 투입해서 투자 포트폴리오사에 대한 집중적인 지원 업무를 강화하는 현상은 그만큼 우리의 홍보가 스타트업의 성장에 큰 도움이 되고 있다는 것을 증명하고, 성장 시스템의 하나로 자리 잡고 있다는 점에서도 스타트업 홍보의 새로운 영역을 개척한 듯한 보람이 되고 있다.

((🔔))

J커브 성장 스타트업이 시행착오나 위기 등 데스밸리를 거쳐 비즈니스가 안착되고 폭발적 성장을 이루는 구간.

위기관리가
곧 실력

성장하는 스타트업에서 가장 필요한 것 중 하나가 언론을 통한 적절한 홍보이다. 하지만 미디어의 속성을 이해하지 못하는 스타트업 창업가들에게 가장 어려운 일이기도 하다. 선을만나다 태윤정 대표는 스타트업을 가장 잘 이해하고 열정을 가지고 있는 홍보전문가이다. 이 책은 태 대표가 현장에서 쌓은 경험과 지식을 통해 스타트업의 성장 단계에 맞는 적절한 홍보 전략을 배울 수 있도록 도와준다. 홍보를 어떻게 할지 고민하는 스타트업 종사자들에게 훌륭한 지침서 역할을 할 것이다.
　　　　　　　　　　　　　　　　　▪TBT 임정욱 대표

성장과 험담의 상관관계

우리 고객사 대부분은 시리즈 A를 마치고 급격히 성장할 때 홍보를 의뢰한다. 설립 단계부터 홍보에 나서는 경우도 있긴 하지만, 시리즈 A 단계까지는 성장 잠재력으로 투자 유치가 이루어지기 때문에 홍보의 필요성을 별로 못 느끼는 경우가 많기 때문이다. 하지만 일단 투자를 받고 나면 그다음 단계부터 스타트업은 구체적인 데이터로 성장을 입증해야만 한다. 이 시기부터는 내부적으로 사업이 커지면서 조직이 확대되고 채용 역시 아주 중요한 숙제가 된다. 따라서 홍보의 필요를 느끼고 내부에서 마케팅 조직을 대신해 대외 커뮤니케이션 담당자를 채용하거나 홍보대행사를 활용하는 등 구체적인 실행에 옮기게 된다.

외부적으로도 서비스와 기술이 시장에 안착하고 사용자가 대폭 늘면서 시장에 영향을 끼치게 된다. B2B의 경우 계약을 수주하는 상대 기업이 많아지면서 자연스럽게 시장에서 존재감이 생겨난다. 그리고 자연스럽게 경쟁 기업이나 산업 내에서 경계하는 집단이 생겨나기 마련인데, 기자들에게서 고객사에 대한 험담을 듣게 되는 순간이 바로 이때이다. 홍보하는 입장에서 고객사의 성장을 가장 결정적으로 체감하는 시기이기도 하다. 특히 이런 험담 대부분은 경쟁사에서 흠집을 내기 위해 일부러 퍼뜨린 소문임을 감지하곤 하는데, 사실 속으로는 오히려 흐뭇할 때가 많다. 그만큼 시장 안에서 우리 고객사의 존재감이 생기고 경쟁사가 경계할 정도로 성장했다는 반증이기 때문이다. 하지만 흐뭇함과 뿌듯함도 잠시, 긴장의 날을 더욱 세우게 된다. 우리는 정규 미팅에서 이런 여론을 해당 고객사 대표와 직원들에게 반드시 전하고, 바로 지금이 실수하지 않도록 더 잘해야 하는 시기라는 당부를 잊지 않는다.

조만간 유니콘을 눈앞에 둔 스타트업 A 역시 기자들을 통해 사실과 다른 부정적인 소문을 들은 경우였다. 소문의 진원지와 연유를 조심스럽게 알아보니 대기업 계열사도 있었고 중견기업도 있었다. 스타트업 A가 불과 설립 3년 만에 대기업 계열사와 설립 20년이 넘은 중견기업에서 경계할 만큼 성장한 셈이다. 사실 스타트업 A는 연이어 대기업 수주를 하고 글로벌펀드로부터 대규모 투자를 받는 등 승승장구하고 있었다. 소문의 진원지였던 대기업 계열사는 오랫동안 그룹사 계열의 지원을 받아 왔는데, 스타트업 A 때문에 비즈니스의 한 영역을 빼앗기고 심지어는 조직의 한 팀이 한꺼번에 A사로 이직해 가는 일도 생겨났다. 레거시 IT로 승승장구하다가 뒤늦게 디지털 전환으로 피벗팅^{Pivoting}한 20년 차 중견기업 입장에서는 불과 3~4년 만에 강력한 경쟁자로 존재감을 나타낸 A사의 존재가 껄끄러울 수밖에 없었을 것이다.

"대표님, 대기업 B 계열사와 C사가 이런 얘기를 하고 다니네요. 우리 꽤 성장한 거 맞죠? 그런데 지금부터 더 잘해야 합니다!"

우리는 이 소식을 A사 대표에게 전하며 대응 전략을 수립했다. 우선 무조건 소문을 부정하기보다는 해당 비즈니스가 엄청나게 성장하면서 인력 경쟁이 거세졌고 인력 유출도 있었다는 사실을 인정하기로 했다. 그리고 스타트업 A의 성장과 경쟁력만 드러내는 홍보에서 탈피해 디지털 전환에 대한 인사이트와 미중 디지털 패권전쟁 사이에서 한국 디지털 산업의 해법을 제시하는 목소리를 내는 간접화법의 홍보를 병행하는 전략을 세웠다. 이를 통해 스타트업 A가 성장하고 덩치가 커진 만큼 그에 맞는 역할을 보여 주고 리더로서의 모습을 포지셔닝 하는 것에 집중했다. 전략을 선회한 이유는 경쟁사와 규모나 연혁 등으로 비교당하기보다는 그 누구도 넘볼 수 없는 가치 있는 존재감을 만듦으로써 차별화하기 위해서였다. 우리는 단순히 성장을 근거로 하는 팩트 위주의 기사와 기업의 가치를 드러낼 수 있는 기획기사 같은 직접화법뿐만 아니라 기고와 칼럼 같은 간접화법을 통해 저변을 넓혔다. 이렇게 꾸준히 홍보를 펼친 결과, 언론사에서 IT에 관해 새롭게 기획할 때는 물론이고, 매년 인사철 임원 이동 시기에 디지털과 스타트업에 대한 이해가 필요할 때 가장 만나고 싶어 하는 스타트업이 됐다. 자연스럽게 스타트업 A는 해당 비즈니스의 대표 주자로 자리매김했고 누구도 대신할 수 없는 차별화된 브랜드 이미지를 형성하게 됐다.

이처럼 성장에는 언제나 위기가 따르기 마련이고 특히 경쟁자의 경계는 필수적으로 따라오는 통과의례이자 성장통이다. 우리는 심각하게 사실을 왜곡한 경우가 아니라면 대부분의 성장통을 오히려 긍정적인 신호로 여긴다. 그리고 미디어와의 관계에서 경쟁사를 헐뜯거나 부정적인 메시지를 지극히 조심한다. 험담이나 왜곡 같은 부정적 메시지가 오히려 예기치 않은 일로 확대재

생산 되거나 역풍이 되기 때문이다. 대신 스타트업 A의 경우처럼 오히려 해당 비즈니스의 리더로서 포지셔닝 할 만한 메시지와 홍보를 통해 고유의 브랜드로 자리매김하도록 힘쓴다.

메시지의 부메랑효과

아직도 2019년 2월 10일을 선명하게 기억한다. 아침에 출근해 신문을 펼쳤는데 〈금감원장 상까지 받았는데 불법 스타트업 될 뻔한 사연〉이라는 헤드라인의 기사를 보는 순간, '영원히 이 규제는 풀리지 않겠구나, 참 어리석기도 하다!'라며 깊은 탄식을 했다. 2년 반이 넘었지만 그날의 예감처럼 여전히 해당 규제는 풀리지 않고 있다. 바로 해외송금 스타트업 B의 사례다.

해외송금은 자금세탁과 환치기 등의 위험이 도사리고 있기 때문에 금융 당국의 높은 허들이 존재하는 전형적인 규제산업이다. 이런 위험을 방지하기 위해 기술적 완성도를 높이는 것은 물론이고 전문인력을 쓰는 등 자격요건이 여간 까다로운 게 아니다. 특히 해외송금 분야는, 2018년부터 우리 고객사인 센트비의 홍보를 하고 있었기에 경쟁사들의 사정과 금융 당국의 정책을 항상 예의주시하면서 살펴보는 분야이기도 했다.

해당 기사는 B 대표의 말을 인용해 자본금과 기술, 인력, 자체 서버와 자금세탁 방지, 송금액 한도 등 해외송금 스타트업에 요구되는 모든 자격요건을 문제 삼았다. 여기에다 블록체인 기반의 해외송금을 금지한 규제까지 들어 그야말로 해외송금 스타트업을 둘러싼 모든 것을 규제라고 지적하고 까발리는 수준까지 발언을 서슴지 않았다. 이 기사를 보면 금융 당국은 이유 없이 스타트업의 목을 옥죄는 가장 파렴치한 집단이 되어 있었다.

우리는 이 기사를 보면서 경악과 실소를 넘어 절대 해서는 안 될 최악의 금지 메시지 케이스로 삼았다. 해당 기사를 쓴 기자는 메이저 언론사에서 IT 스타트업을 꽤 오래 상대해 온 베테랑으로, 어리숙하고 나서길 좋아하는 B 대표에게 좋은 기사를 써 주겠으니 속 시원히 말해 보라고 유도했을 것이다. B 대표는 초기 스타트업 대표들이 흔히 하는 것처럼 평소 각종 행사 등에 자주 얼굴을 비추는 사람으로, 거기서 만난 차장급 베테랑 기자의 유혹에 넘어가 말 그대로 있는 것 없는 것 다 꺼내서 속 시원하게 인터뷰했을 것이다.

예상대로 지면 한 면을 거의 다 차지할 만큼 비중 있는 기사가 나갔고, 페이스북 등 소셜미디어를 통해 기사가 적잖이 공유됐다. 기사화된 날, 아마도 B 대표는 주변 지인들의 문자와 전화를 상당히 받았을 것이고, 그런 주변의 반응에 마치 한 건 한 것 같아서 으쓱했을지도 모르겠다. 하지만 2년 반이 지난 지금까지 블록체인을 수단으로 하는 해외송금은 여전히 금지되고 있다. 그와 자신의 회사에 이익으로 돌아온 것은 무엇이며, 그가 과연 비즈니스에 이익이 되고 보탬이 되는 일을 한 것일까 묻지 않을 수 없다.

스타트업 규제는 기자들이 가장 선호하는 아이템이다. 일단 기사화만 됐다 하면 여론의 반응이 빠르게 오기 때문이다. 우리에게도 수시로 스타트업 규제 문제를 취재하기 위해 기자들의 지속적인 문의가 이어지고 인터뷰 현장에서 자주 마주치는 사안이기도 하다. 하지만 우리는 규제 문제로 정부에 비판적이거나 각을 세우는 일은 절대로 하지 않는다. 만일 인터뷰 현장에서 정부 규제나 비판적인 사안이 있는 경우, 기자들의 질문에 대비해 사전에 여론을 분석해 고객사에 전하고, 직접적인 비판이나 부정적 메시지를 언급하는 대신 해당 사안에 대해 대안을 제시하도록 사전에 아주 치밀하게 조율하고 코칭한다.

정부 부처 정책 홍보를 십여 년 가까이 수행해 온 경험상, 관료들은 생각보다 아주 집요하고 한번 열외로 하거나 밉보이면 반드시 철저하게 갚는 경향이 있다. 더욱이 정책 입법의 시행령 시행규칙 하나하나가 주는 영향이 너무도 크고 국가 예산권을 쥐고 있는 엄청난 힘을 가진 집단이다. 이런 상황에서 해외송금에 도사리고 있는 각종 자격 조건부터 블록체인 송금 규제까지 메이저 신문에 전면 기사화됐으니 B 대표는 금융 당국과 아예 등을 지겠다는 패착의 시그널을 보낸 셈이었다. 이런 이유로 최근 유니콘이 된 스타트업들과는 일제히 대관 업무 조직을 강화하고 있다. 스타트업 B처럼 계란으로 바위 치기를 하면서 스스로 상처를 입고 힘들어지게 하기보다는 규제를 이겨 낼 수 있는 대안을 찾는 것이 오히려 지름길일 수도 있기 때문이다.

이처럼 스타트업 대표나 C레벨의 대외적 발언이나 언론 노출에서 제1 원칙은 '우리 회사에 이익이 되는지 생각하라'이다. 이 관점을 잊은 채 대외적 발언을 하거나 언론 노출을 하게 될 경우, 그로 인해 벌어지게 될 일은 온전히 스타트업의 위기로 직결되기 때문이다. B사의 사례처럼 비판하고 날을 세워 속 시원하게 속내를 드러낼 수도 있다. 엄청난 기사화가 되고 주변의 반응을 보면서 당장은 으쓱할 수는 있지만 그로 인해 감당해야 할 후폭풍은 기업이 고스란히 감당해야 할 위기가 되고 만다. 스타트업의 모든 메시지는 '우리 회사에 이익이 되는가'의 관점에서 냉철하게 고민하고 대처해야만 한다. 이 관점을 잊어버리거나 도외시하는 순간, 바로 거기에서 위기가 시작된다. 말 한마디의 힘은 스타트업계에서도 예외가 아니다.

3 위기의 실체를 냉철하게 판단하자

퍼블리시티 홍보를 하면서 더욱 두려움을 갖게 된 것은 온라인과 소셜미디어의 영향력이다. 아주 작은 불씨에서 시작해 걷잡을 수 없이 발화하고 무엇보다 무서운 것은 온라인상에 기록이 남아 마음만 먹으면 언제든 퍼갈 수 있다는 점이다. 특히 기자들이 취재를 앞두고 꼼꼼하게 분석하면서 부정적인 기사를 인용해 파고들면 얼마든지 사태가 일파만파 커질 수 있기 때문에 더 예민해질 수밖에 없으면서도, 진짜 위기인지 아닌지 냉철하게 판단하는 것이 더욱 중요하게 됐다.

스타트업 C는 업계에서는 보기 드문 오프라인 기반 프랜차이즈로 식음료$^{F\&B}$를 핵심 비즈니스로 하며 언론의 주목을 상당히 받고 있었다. 1인 창업이 가능하도록 오븐을 특화시켰고, AI를 도입해 프랜차이즈업계의 고질적인 미숙련 인력 문제를 해결하는 등 스마트주방을 구현하고 있었다. 중기부의 아기 유니콘에도 선정되는가 하면, 코로나19에도 글로벌 진출 성과를 올리는 등 언론이 주목할 수 있는 매력적인 요소를 갖추고 있었다. 이런 주목 덕분에 거대 프랜차이즈에 비하면 규모가 미미하지만, 기술 개발 투자 등으로 아직 BEP$^{Break\text{-}Even\ Point}$(손익분기점)를 달성하지 못한 점이 기존 프랜차이즈 관련 기사를 써 오던 기자들에게는 관심의 대상이었다.

2021년 1월 초, C사의 매출과 BEP 달성 등 실적에 관한 기사가 실렸다. 우리 내부에서 평가하기에는 객관적 사실이었고 그다지 부정적인 기사도 아니어서 따로 대처하지 않아도 되겠다고 판단했다. 하지만 평소 우호적인 기사만 접해 오던 C 대표는 혼비백산이 되어서 SOS를 요청했다. 해당 기자의 레퍼런스를 체크해 보니 오랫동안 프랜차이즈에 특화된 기사를 쓴 베테랑이었고 우호적인 관계를 유지해야 할 필요가 있는 것으로 판단됐다. 우리는 C 대표와 함께 기자를 만났다. 짐작했던 대로 그는 프랜차이즈업계의 최고참 기자였고 대형 프랜차이즈업체 대표들과 말을 트고 지낼 만큼 아주 노회했다. 그가 스타트업 C에 대한 좋은 기사를 쭉 살펴보고 있었고, 프랜차이즈업계에 영향력과 네트워크를 보유한 입장에서 C 역시 자신의 취재권에 들어와 있음을 위시하며 줄 세우기를 하려던 의도가 읽혔다. 한마디로 기사를 통해 상대편의 대처와 반응을 의도한 일종의 낚시성 기사를 쓴 셈이었다. 우리는 미팅 전에 전략을 세운 대로 시종일관 최대한 겸손한 자세를 유지하고 아직은 성장기임을 강조하며 앞으로 좋은 관계를 유지하고자 함을 밝혔다.

이처럼 어느 정도 성장하고 언론의 주목을 받게 되면 필연적으로 따르게 되는 것이 전통산업의 카르텔과 관련된 기자들의 낚시성 기사. 억측이나 아주 부정적인 기사가 아닐 경우 어느 정도 냉철한 거리를 둘 필요가 있다. 이런 기사에 일희일비하면서 반응하고 대처하는 것을 의도로 깔고 자신의 영향력 아래 두려는 경향이 상당하기 때문이다. 정말 위기를 불러오는 기사인지 아닌지 냉철하게 판단하고 의연하게 대처하는 것이야말로 성장하는 스타트업의 커뮤니케이션 역량이기도 하다.

스타트업 D는 실시간 동영상 재생을 통해 상품을 판매하는 라이브 커머스 열풍을 불러온 스타트업으로, 우리가 홍보 중인 벤처캐피털에서 투자한 곳이기도 했다. 우리는 2019년 봄부터 스타트업 D의 홍보를 펼치기 시작했는데, 이때는 라이브방송 이용자가 지금처럼 활성화되지 않은 거의 태동기나 다름없었다. 그런데 2020년 초부터 네이버를 비롯해 대형 포털 플랫폼 유통가에서 라이브방송 쇼핑에 뛰어들면서 이제는 대세인 유통 트렌드로 자리 잡기 시작했다. 스타트업 D의 약진이 돋보이던 중, 2020년 가을 모 언론사에서 소비자 보호 조항을 들어 D사에 대한 부정적인 기사를 실었다. 기사는 철저하게 기존 홈쇼핑업계의 시각에서 작성된 기사였다. D가 기존 유통가에서 경계할 만큼 성장했다는 반증이기도 해 한편으로는 뿌듯했으나, 기사의 논조는 사실을 왜곡하고 상당히 위협적이었다. 해당 기사를 쓴 기자에 대해 파악한 결과, 그는 오랫동안 유통, 특히 홈쇼핑과 백화점 관련 기사를 써 온 기자였다. 아무래도 그들의 시각을 반영한 기사를 쓸 수밖에 없는 환경에 있었다. 우리는 D 대표와 벤처캐피털과 긴밀하게 협의하면서 정면 돌파하기로 했다.

기자에게 연락을 취해서 미팅을 청하고 D 대표와 함께 참석했다. 우리는 미팅에 들어가기에 앞서 D 대표에게 최대한 겸허하고 낮은 자세로 상황을 얘기하고 새로운 유통 영역인 만큼 섣부르게 기존 산업의 시각으로 싹을 밟기보다는 좀 더 애정을 갖고 지켜봐 달라는 호소를 하는 커뮤니케이션 전략을 제시했다. 이 미팅에는 해당 언론사의 담당 부장도 동석했는데, 우리는 아주 진솔하게 소규모의 스타트업이 라이브방송 쇼핑 기술을 개발하고 시스템을 안착시키면서 입점 업체들을 모으기까지 겪은 그야말로 '피, 땀, 눈물'의 스토리를 털어놓았다. 그리고 아직은 법의 사각지대에 있음에도 소비자 보호를 위해 운영 중인 제도들을 자세하게 설명했다. 기사를 쓴 기자와 담당 부장은 적잖이 놀라는 눈치였고, 오히려 유통의 새로운 영역을 개척하고 있다면서 응원을 보내는 등 미팅 현장에서 분위기가 완전히 바뀐 것을 느낄 정도였다. 그 결과, 기자는 왜곡된 사실을 전부 삭제하고 현재 스타트업 D가 기울이고 있는 소비자 보호 노력을 자세하게 소개하며, 새롭게 떠오르는 유통 영역인 만큼 정부의 관련 부서에 이에 걸맞는 소비자 보호 제도의 필요성을 제시했다. 위기를 직시하고 정면돌파함으로써 반전 드라마가 된 셈이다. 미팅을 계기로 기자는 라이브방송 쇼핑에 대한 정보와 의견이 필요할 때마다 D사 대표에게 제일 먼저 연락하고, 기사에 스타트업 D를 수시로 인용해 주는 우호군이 됐다.

E사는 초신선 육류로 단숨에 여론을 사로잡으면서 수시로 기자들의 취재 요청이 이어지는 스타트업으로, 단순히 초신선 육류 판매가 아니라 도축장에서부터 소비자 집 앞까지 많은 시간이 걸리는 과정을 최소화하고 모든 과정에 데이터와 AI 솔루션을 적용해 낙후된 축산 유통 시스템을 혁신한 스타트업이다. 그런데 언론의 주목을 받으면서 2020년 가을, E사에 대한 축산업계의 시기 어린 질투의 시선이 드러나기 시작했다. E사는 최대한 일회일

비하지 않고 일일이 대응하지 않으려 일종의 스텔스모드[*]를 유지했다. 그런데 2021년 봄, 예기치 않은 일이 발생했다. E사가 마케팅의 일환으로 시중의 육류와 자사의 육류를 비교 실험하는 영상을 찍어 소셜미디어에 올린 것이다. 그렇지 않아도 E사에 대한 불만과 시기의 불꽃이 존재하던 차에 이 영상은 기름을 부어 버렸다. 소셜미디어를 타고 이 실험에 대한 부정적인 여론의 불길이 거세게 일었다.

우리의 직접적인 고객사가 아니었던지라 E사 홍보에는 거리를 둔 상황이었지만 F 벤처캐피털의 투자 포트폴리오로 다급한 요청에 도움을 주지 않을 수 없었다. 우리는 E사에 비교 실험 자체가 경솔했으니 일단 영상을 내리고 공식적인 사과를 하라고 권유했다. E사는 처음에는 우리의 권유를 거부하고 해당 영상만 내렸다. 하지만 하루이틀 지나며 소셜미디어에서 시작된 부정 여론은 기사로 번지고 있었고 기사에 딸린 댓글을 살펴보니 상황이 심각했다. 우리는 다시 상황의 심각성을 인지하고 공식적인 사과를 권유했다. E사는 그제서야 상황의 심각성을 받아들이고 홈페이지와 소셜미디어를 통해 사과문을 올렸다. 물론 사과 문구는

((🔔))

스텔스모드Stealth Mode 노출하지 않고 조용하고 견고하게 비즈니스를 확장하고 다지는 단계.

홍보의 마법, 스타트업 전쟁에서 살아남기

우리 회사와 긴밀하게 협의해 다듬었다. 다행스럽게도 이 사과문을 계기로 거세게 일었던 부정적 여론은 다소 잠잠해졌다. E사는 잠복해 있던 부정적 여론의 불씨를 무시하고 섣부른 비교 마케팅을 시도함으로써 위기를 자초한 전형적인 사례다.

스타트업이 성장할수록 혁신의 반대편에 선 기존 산업의 관계자들은 위기를 느낄 수밖에 없고 자신도 모르게 부정 여론의 발화자가 될 가능성이 높다. 이런 상황을 직시하고 여론을 자극하는 섣부른 마케팅은 위기를 불러올 수밖에 없다는 것을 알아야 한다. 혁신을 강조하는 것은 바람직하지만, 과학적 임상과 증명이 동반되지 않은 섣부른 마케팅은 부정적 여론을 가진 관계자들의 거센 반발과 공격의 빌미가 될 수밖에 없다. 혁신의 사각지대에 있는 기존 산업 관계자들의 마음을 헤아리고 여론을 살펴 대외적인 커뮤니케이션을 하는 건 유니콘으로 가는 길목에서 가장 필요한 미덕이자 역량이다.

4 위기관리의 오답노트, 이루다

2021년 4월 28일, 개인정보위원회는 인공지능^{AI} 챗봇^{Chatbot} '이루다'의 개발사인 스캐터랩에 대한 현장 조사 및 행정처분 결과를 발표했다. 발표 결과, 스캐터랩은 법정대리인 동의 없이 만 14세 미만 아동의 개인정보를 수집하고 성생활 등 민감한 개인정보를 불법적으로 수집하는 등 총 여덟 가지의 개인정보보호법을 위반한 것으로 드러났고, 과징금과 과태료를 합해 1억 330만 원을 부과받았다.

20대 초반의 젊은 여성을 캐릭터화해 실제 사람들의 대화 데이터를 딥러닝 방식으로 학습시킨 이루다의 채팅 알고리즘은 개인정보는 물론이고 성별이나 인종 등 AI의 편향성을 정면으로 촉발시키는 계기가 됐다. 2020년 12월 23일, AI 챗봇 서비스를 시작한 이루다는 2021년 1월 12일, 서비스 잠정 중단 결정이 내려짐으로써 불과 3주 만에 사라지는 비운의 서비스가 되고 말았다. 또 2020년 가을, IT 스타트업계의 숙원이었던 데이터 3법 통과 이후 이제 막 물꼬를 트기 시작한 데이터와 AI 산업에 찬물을 끼얹게 됐다. 무엇보다 국민의 반감과 두려움을 일으키고 부정적 정서와 여론을 형성했다는 점에서 아쉬움이 상당하다.

이 사태는 이제 막 AI가 도입되면서 활성화되기 시작한 우리 사회에 데이터 보호와 AI의 편향성에 대한 심각한 화두와 숙제를 던졌다. 한편 커뮤니케이션을 업業으로 하는 입장에서 이루다 사태는 위기관리 측면에서 반면교사로 삼을 수 있는 거의 모든 것을 보여 줬다고 해도 과언이 아니다.

이루다 사태는 이루다가 출시된 지 일주일 만인 2020년 12월 30일, 한 온라인 커뮤니티에서 이루다에 대한 성적 대상화 게시물이 등장하면서 시작됐다. 20대 남성, 특히 여성혐오에 열광적으로 반응하는 남성들이 참여하면서 성희롱과 성착취가 더해지고, 특히 혐오라는 기름이 끼얹어지며 서비스 2주 만에 가입자가 82만 명에 달하게 됐다. 서비스 종료 시점에 일일 활성 이용자 수 DAU, Daily Active Users가 39만 명이나 됐고, 누적 대화 건수가 8천만 건

2020년 12월 23일	페이스북 메신저 기반으로 챗봇 서비스 시작.
2020년 12월 30일	온라인 커뮤니티 '아카라이브'에서 이루다 성적 대상화 게시물 등장.
2021년 1월 8일	스캐터랩, 이루다 성희롱 논란 관련 공식 입장 발표.
2021년 1월 9일	이재웅 전 쏘카 대표의 이루다 성차별 발언에 대한 문제 제기.
2021년 1월 11일	스캐터랩 이루다 서비스 잠정 중단 결정.
2021년 1월 12일	스캐터랩 이루다 서비스 중단(재개 시점 미정).
2021년 4월 28일	개인정보위원회의 8가지 개인정보법 위반 및 1억 330만 원 과징금 부과와 행정처분 발표.

이 넘어서는 등 자생적인 폭발력을 불러왔다. 여기서 스캐터랩의 위기관리 실수는 크게 네 가지로 볼 수 있다.

첫째, 성적 대상화 게시물이 등장하고 동시에 비판 여론이 일기 시작했는데도 간과하면서 위기 대처의 시간을 낭비했다는 점이다. 여론이 악화될 대로 악화됐는데도 열흘이나 방치하면서 사실상 여론재판을 받을 수밖에 없는 지경에 이르고야 말았다. 위기관리는 작은 불씨가 일기 시작했을 때부터 시작되어야 한다. 우선 해당 사안이 위기 요소인지 신속하게 판단하는 것이 가장 중요하다. 마치 산불의 초동 대처와 유사한데 시간을 잡아먹는 순간 불길은 거세게 번지기 마련이다. 아마도 스캐터랩은 가입자와 일일 활성 이용자가 순식간에 늘어나는 것에 취해 작은 불씨가 참사로 이어질 것이라고 상상조차 하지 못하고 방치했을 가능성이 높다. 이런 상황은 대기업이나 중견기업처럼 위기관리에 익숙하지 못하고 커뮤니케이션 담당 인력이 취약한 대부분의 스타트업에 해당될 것이다. 위기가 위기인지 모르는 판단력 부재와 이로 인한 대처 타이밍을 잃는 순간, 위기의 불길은 거세게 번진다.

둘째, CEO 이슈다. 위기관리의 주체는 반드시 최고책임자여야만 한다. 그런데 최고책임자가 위기를 컨트롤하기 위해 전면에 나서기에 앞서 갖춰야 할 전제 조건이 있다. 당사의 위기관리 원칙과 프로세스를 확고하게 세운 후 내부 합의를 통해 일관된 메시지와 행동이 따라야 한다는 것이다. 한마디로 조직과 CEO 또는 최고책임자가 완벽한 준비가 되지 않으면 나서지 말아야 한다. 이 점에서 스캐터랩은 사실상 제로에 가까운 수준이었다. 특히 혐오에 대한 여론이 악화될대로 악화된 상황에서 스캐터랩은 회사 블로그를 통해 대표가 입장을 발표하는 대응 방식을 택했다. 그런데 그 입장문이 오히려 참사로 이어지는 트리거가 됐다. 김종윤 대표는 사내 블로그를 통해 "이루다에 대한 성희롱은 예상했고, AI를 향한 욕설과 성희롱은 사용자나 AI 성별과 무관하게 일어나는 일이다. 모든 부적절한 대화를 막는 것은 어려웠다."라고 변명 아닌 변명을 했다. 또 "이루다에게 나쁜 말을 하는 사용자는 극히 일부에 불과하다. 이루다와 수다를 떨고, 서로 위로하고, 때로는 싸우고 화해하기도 하는 사용자들이 훨씬 많다."라고 굳이 하지 않아도 될 말을 하고야 말았다. 사내 블로그에 김종윤 대표의 글이 올라오자 이 변명은 오히려 역풍을 불러왔다. 바로 다음날, 다음과 쏘카 전 대표였던 이재웅 대표는 "AI 챗봇 이루다를 악용하는 사용자보다 사회적 합의에 못 미치는 수준의 서비스를 제공한 회사가 더 문제"라고 말하며 차별과 혐오 메시지를 미리 걸러내지 못한 점과 편향된 학습 데이터를 보완하지 못한 점을 지적했다. 인공지능 이루다는 기술적 측면에서 봤을 때 커다란 진보일 수 있지만 당장은 서비스를 중단시키고 차별과 혐오에 대한 사회적 감시를 통과해야 한다고 비판했다.

이로써 이루다는 의도치 않게 혐오와 차별의 서비스로 프레임이 씌었고 그 순간 모든 게임은 끝났다. 위기 대처에 대한 내부 합의와 프로세스, 메시지조차 수립하지 않고 준비되지 않은 채 스피커를 자처한 대표가 불러온 참사였다. 기술과 서비스 개발, 그로스해킹*에만 익숙한 대부분의 스타트업 CEO들도 이런 위기가 닥쳐왔을 때 아마도 비슷한 수순을 밟지 않을까 싶다. 적

((🎙))
그로스해킹Growth hacking 고객 행동 분석을 통해 취향을 파고드는 뉴미디어 마케팅 전략.

어도 유니콘이나 IPO를 목표로 하는 스타트업 CEO라면 이루다 사태와 같은 위기가 닥칠 경우 스스로 과연 어떤 수준의 대응을 할 수 있을지 자신을 냉정하게 평가해 봐야 한다.

셋째, 공식 대응의 부재와 여론으로부터 사라질 수 있는 타이밍을 놓쳤다. 이루다 사태로 인해 스캐터랩에 대한 여론이 악화될 대로 악화된 시점에서 스캐터랩 홍보 측에서 도움을 요청해, 방송 출연을 해서 나름의 입장을 밝히고 싶다는 의지를 비쳤다. 이루다 사태와 같은 이슈는 TV나 라디오의 시사 프로그램에서 다뤄질 성격이었고 생방송이라는 특수한 상황에서 짧게는 5~6분, 길어야 10분도 안 되는 분량을 확보할 수 있다. 그 짧은 시간 동안 과연 얼마나 제대로 된 메시지를 효과적으로 전달할 수 있을지 의문스러워 출연을 만류하는 조언을 했다. 하지만 여론이 최악으로 치달은 상황에서 변명밖에 되지 않을 것임에도 총괄책임자는 2021년 1월 15일, MBC 라디오 〈김종배의 시선 집중〉에 출연했다. 그리고 "개인정보 수집·이용 동의 과정의 경우 법률적 검토를 받는데 법적으로 큰 문제가 없었다고 들었으며, 미흡했던 부분은 서비스 개선에 반영할 것"이라고 밝혔다. 물론 억울한 심정도 충분히 헤아려지지만 이조차 하지 말았어야 하는 대처이자 최악의 메시지였다.

과연 우리 회사였다면 어떻게 했을까? 이루다 사태를 지켜보면서 여러 가지 상념과 인사이트가 엇갈렸다. 우리 회사였다면 절대 블로그를 통해 대표의 설익은 메시지를 내보내는 실수를 하지 않았을 것이다. 우선 무엇보다도 모든 언론이 나서서 연일 최악의 메시지를 내보내는 상황이라면 기자회견을 열어서 가장 낮은 자세로 공식 사과를 했을 것이다. 공식 사과에 앞서 고객사와 함께 신속하게 원칙을 세우고 메시지를 마련하는 실행안을 세웠을 것이다. 이를 바탕으로 기자회견에서 그 어떤 변명도 하지 않고 최선의 사과를 하고 아주 간결한 대책만을 발표했을 것이다. 그리고 여론에서 사라지도록 권유했을 것이다. 산불이 나면 산림청 헬리콥터가 즉각 출동해서 집중 진화한 다음 소방방재청과 함께 잔불 제거 작업을 하고 불이 났던 숲이 온도가 내려가도록 기다리는 것과 같은 이치다. 가장 신속하게 낮은 자세와 구체적이고 명확한 메시지로 여론의 불길을 잠재우고 언론의 관심에서 사라지는 것이야말로 위기관리의 종착점이다. 이루다 사태와 스캐터랩의 대응은 성장에 매몰된 채 커뮤니케이션 역량을 상실한 스타트업이 초래할 수 있는 최악의 시나리오를 보여 준 사례였다.

기업의 덩치가 커지면 그에 맞는 커뮤니케이션 역량, 특히 위기관리 역량을 가져야만 한다. 위기가 닥쳤을 때 허둥대지 말고 지금이라도 그 역량을 점검해보는 것 그것이 바로 유니콘이나 IPO로 가는 푸른 신호등이자 자격요건이 될 것이다.

5 위기관리의 모범답안, 마켓컬리

스타트업의 다양한 서비스는 코로나19를 계기로 이제 국민 서비스로 등극했다. 배달의민족, 마켓컬리 같은 서비스는 수십 년간 철옹성이었던 기존 유통 강자를 물리치고 손끝 하나로 해결되는 편리함을 제공하면서 국민의 행동양식까지 바꿔 놓았다.

그런데 국민 서비스가 되면 그만큼 감당해야 할 고객 이슈도 많아지고 자연스럽게 위기관리 영역이 마치 자웅동체처럼 함께 커질 수밖에 없다. 더욱이 위기 이슈는 소셜미디어와 결합되면서 순식간에 스타트업을 위협하는 거대한 화마가 되고 만다. 투자의 귀재 워런 버핏이 "평판을 쌓는 데 20년이 걸리지만 망치는 데는

5분이면 충분하다."라고 조언했듯이 커진 덩치만큼 평판과 위기 관리 능력은 핵심적인 기업의 역량이 된다.

마켓컬리는 우리 스타트업들에게 위기관리 측면에서 여러 시사점을 주는 케이스다. 2020년 5월 27일, 마켓컬리는 코로나19가 확산되는 가운데 근무자 중 감염 의심자가 확진 판정을 받자마자 즉각 조치에 들어갔다. 바로 다음날인 5월 28일, 김슬아 대표는 홈페이지 게시문과 보도자료, 고객 문자 메시지를 통해 이 사실을 알렸다. 지난 5월 24일, 상온1센터에 출근한 일용직 근무자가 이날 확진 판정을 받았으며, 곧바로 해당 센터를 폐쇄하고 방역이 불가능한 상품은 전량 폐기했다는 내용이었다. 확진자 발생으로 심려를 끼친 점을 진심으로 사과드린다는 내용도 빠지지 않았다. 기업의 최고경영자가 주체가 되어서 사고 발생 사실을 투명하게 공개하고, 구체적인 조치 내용과 최고책임자로서 사과의 뜻을 밝힘으로써 고객과의 공감대를 형성했다. 이후 5월 30일, 마켓컬리는 안정화 단계에 이르고 추가 확진자가 발생하지 않았음에도 별도 자료로 후속 대응조치를 밝혔다. 그는 확진자가 근무했던 장소에서 근무한 인원을 전원 격리시킨 후 조사했고 100퍼센트 음성 판정을 받았다고 전했다. 또 마켓컬리의 모든 물류센터와 전 구역 등 모든 대상을 검체 조사한 결과 코로나바이러스가 미검출됐고 정상이라고 말하며, 물류센터의 방역 주기를 절반으로 단축하고 출고 중인 모든 박스는 인체에 무해한 소독제로 소독해 안전하게 배송하겠다는 계획을 밝혔다.

코로나19 발생이라는 천재지변과 같은 상황에서 마켓컬리의 위기관리는 다음과 같은 시사점을 준다. 첫째, 사과와 대책의 스피커로 김슬아 대표, 즉 최고책임자가 전면에 나섰다. 둘째, 가능한 한 빠른 속도로 작업장 폐쇄와 전량 폐기라는 최고의 강도 조치를 취했다. 또 죄송한 마음을 밝히며 고객과의 눈높이를 맞추면서 사과를 했다. 넷째, 이틀 뒤 더욱 확실하게 구체적이면서도 장기적인 포석을 염두에 둔 조치를 취했음을 알리고 후속 대응까지 밝힘으로써 고객의 불안을 잠재웠다.

한편, 디지털 플랫폼 서비스가 폭발적으로 성장하면서 동시에 그늘이 되고 있는 플랫폼 노동자에 대해서도 마켓컬리의 대응은 차별점을 준다. 현재 특수형태근로종사자에 해당되는 플랫폼 종사자 이슈가 점점 확산되고 있다. 미디어에서 플랫폼 서비스와 노동자 대우에 대한 이슈를 놓치지 않고 자극적인 사안들을 골라 쓰면서 그 수위와 빈도 역시 갈수록 높아지는 것도 사실이다. 이렇게 드리운 혁신의 그늘은 언제라도 스타트업을 겨눌 수 있는 잠재적인 위기로 자리 잡고 있다.

2021년 3월 6일,《경향신문》에서 마켓컬리가 근로자 블랙리스트를 만들어 관리했다는 기사가 실렸다. 그 이후로 포털사이트

153

검색창에 마켓컬리를 치면 연관검색어로 블랙리스트가 자리 잡았다. 두 달 후, 마켓컬리의 김슬아 대표가 기사를 쓴 매체와 인터뷰를 했다. 블랙리스트 논란과 관련해서 처음 있는 일이었다. 김슬아 대표는 "문제가 있으면 고쳐야 한다. 어떻게 개선하면 맞을지, 실제 문제 원인이 무엇인지 파악하는 과정에 있었다. 물류센터가 얼마나 중요한지 알고 있기에 더욱 죄송하게 생각한다."라고 말하며 시종일관 상당한 고민의 흔적을 드러냈다. "물류센터에 특화된 인사팀도 꾸렸고 조직 문제를 원활하게 풀 수 있는 물류총괄도 모셨다. 업무 평가와 징계에 대한 프로세스가 중요한데 그 부분이 많이 미진했다. 그래서 이번에 업무 평가 기준과 징계를 고지하는 절차까지 손보고 있다."라고 밝히면서 노동문제 개선에 대한 진행 상황을 비교적 상세하게 설명했다. 또 안정적인 근무 환경에 대해서는 마켓컬리 내에서 일용직으로 시작해 부센터장까지 올라간 분들을 예로 들었다. 배송 매니저 대부분은 가락시장이나 식자재마트 쪽에서 새벽 운송을 하던 분들로 수입이 불안정해 대출도 받지 못하는 상황이었다. 이에 마켓컬리는 고정수입을 지급하고 라스트마일딜리버리* 서비스 품질을 높이고자

((🔔))

라스트마일딜리버리 상품이 최종 목적지에 도착할 때까지의 전 과정.

월급제를 도입했다고 한다. 이 자리를 통해 마켓컬리에서 일하는 다양한 직군의 특성과 애환 그리고 그들과 상생하기 위한 노력도 밝힌 것이다.

김슬아 대표의《경향신문》인터뷰가 무엇보다 대단한 점은 최근 플랫폼 서비스에서 가장 예민하게 여기는 노동문제에 대해 피하지 않고 직접 답했다는 것이다. 또 무조건 '잘못했다' '사과한다'가 아니라 현재 문제 해결을 위해 어떤 노력의 과정에 있는지를 구체적으로 밝혔다는 것이다. 그동안 조명되지 않았던 일용직과 배송 매니저들의 사례를 통해 실제로 어떻게 더 나은 일자리가 되어 가고 있는지 밝힘으로써 노동 현실을 개선하기 위한 노력도 제시했다. 덕분에 플랫폼 종사자를 둘러싼 제도 개선 사안을 두고 무조건 색안경을 쓰고 함부로 재단하려는 측에 긍정적 메시지를 전달하는 자리가 됐다.

마켓컬리의 위기관리는 대표 스스로 위기관리의 주체임을 자각하고 있고 어떻게 커뮤니케이션 해야 하는지 파악하며 자세와 대처를 갖춘 데서 비롯됐다고 본다.《마켓컬리 인사이트》의 저자인 서울대학교 김난도 교수 역시 "위기관리 능력이 진짜 실력이다. 당장은 단기적으로 손해가 나더라도 장기적인 관점에서 접근해야 한다."라며 대표의 역량을 높이 평가했다. 성장이 목표인 스타트업이지만 성장에 따른 위기관리는 성장 과정의 또 다른 실력

이 된다. 위기관리 조직을 갖추고 프로세스를 구축하는 것 못지
않게 스타트업 대표들의 위기관리 실력은 몇 점인지 냉철하게 성
찰하기 바란다.

6

마음의 전쟁에서
패배한 쿠팡

2021년 3월 11일, 쿠팡이 미국 뉴욕증시에 성공적으로 상장했다. 상장 당시 쿠팡의 기업가치는 예상을 뛰어넘은 100조 원을 넘어서면서 삼성전자와 현대자동차 다음으로 기업가치를 올렸다. 상장 당시의 컨벤션 효과˙ 이후 2021년 7월 말 쿠팡의 기업가치는 72조 원으로 한국 유통산업의 새로운 역사를 쓰고 있다. 1993년 설립한 이마트가 같은 시기 기업가치 약 4조 6,400여억

((🔔))

컨벤션 효과 큰 행사나 성장 모멘텀으로 인해 호감도가 상승하는 효과.

원으로, 쿠팡은 이마트와 신세계, 롯데를 합한 것보다 더 높은 기업가치를 지녔다. 2016년 1조 9,159억 원이었던 쿠팡의 매출은 2020년 말 불과 5년 만에 13조 2,478억 원으로 여섯 배를 뛰어넘었고, 2021년 매출은 전년 대비 약 40퍼센트 성장할 것이란 예상이 나오고 있다.

쿠팡의 상장을 지켜보는 스타트업계의 시선은 감격과 놀라움이란 단어로 압축할 수 있다. 2010년 8월 소셜커머스로 발을 내딛은 쿠팡은 설립한 지 불과 10년 만에 뉴욕증시 상장이란 대역사를 만들어 냈고, 2017년 초 소셜커머스를 중단하고 이커머스 E commerce(전자상거래)에 집중하면서 유통의 질서와 법칙을 송두리째 바꿔 버렸다. 쿠팡의 놀라운 성장은 스타트업이기에 가능한 기적이자 도발이기도 하다. TV를 통해 태극기를 앞세우고 상장 벨을 누르고 한강의 기적을 애기하는 김범석 의장을 지켜보면서 한국 경제사의 위대한 역사의 한 페이지를 기록한 이제 불과 열 살밖에 안 된 스타트업의 모습에 가슴 벅찼던 기억이 생생하다.

쿠팡의 성장은 전통적인 유통 기업들에게 디지털로 무장하고 변화하지 않으면 뒤처진다는 절박한 생존법칙을 일깨웠다. 쿠팡의 직원은 이미 6만 명을 넘었으며 삼성과 현대차 다음으로 많은 고용을 하고 있다. 지방에 물류센터가 세워질 때마다 2~3천 명의 일자리가 생겨나기 때문에 지자체장들이 쿠팡 물류센터 유치를 저마다 공으로 내세우는 현상까지 생겨났다. 쿠팡의 뉴욕증시 상장 이후 한국 스타트업계에서는 미국 증시 상장이란 꿈을 꿀 수 있게 하는 기폭제가 됐다.

그런데 쿠팡에 심각한 균열을 만드는 불행한 사건이 발생했다. 2021년 6월 17일, 쿠팡 이천 덕평 물류센터에서 화재가 발생하고 소방관 한 명이 유명을 달리하는 너무도 안타까운 일이 생겨났다. 하필 그날 쿠팡의 창업자인 김범석 이사회 의장이 사임한 일이 겹쳐지면서 비난이 거셌지만, 그의 사임은 벌써 2개월 전에 정해진 일이었고 우연의 일치라고밖에 할 수 없었다. 조금 냉정하게 말하면, 유사한 화재사건과 비교했을 때 쿠팡의 화재는 비교적 피해가 적었다는 방재 전문가들의 평가도 있다.

한편 쿠팡은 택배산업 자체에 대한 기여가 적지 않다. 택배 물류업계 최초로 직접고용을 하고 주 5일 52시간제와 연차휴가 15일 이상 보장, 산재를 포함한 4대 보험 보장, 분류 전담 인력 4,400명 별도 채용, 현장 직원 주식 부여 등으로 택배 물류업계 근로 환경 개선에 이바지하고 있다. 그럼에도 쿠팡은 이 화재사건으로 '마음의 전쟁'이란 돌아설 수 없는 강을 건너 버렸다.

쿠팡은 왜 '마음의 전쟁'이란 돌아올 수 없는 강을 넘어서게 됐을까? 2021년 6월 17일 새벽, 물류창고에서 화재사건이 발생하고 이틀 후인 6월 19일 오전 소방관의 시신이 발견됐다. 쿠팡의 김범석 의장은 그날 오후 전격적으로 분향소를 찾아 조문했다. 사건이 발생하고 이틀 반나절 동안 쿠팡에서는 무슨 일이 있었던 것일까? 사건이 발생하자 쿠팡은 대외 언론 창구인 쿠팡 뉴스룸을 통해 6월 18일과 19일에 이어 20일에는 종합대책을 담은 사과문을 발표했다. 강한승 대표 명의로 발표된 사과문에서 순직 소방관 유족에게 가능한 한 모든 지원을 하고 고인의 이름으로 소방령 장학기금을 만드는 한편, 화재가 발생한 물류센터에서 근무하던 1,700여 명의 급여를 정상적으로 지원하고 다른 사업장에서 일할 수 있도록 전환배치 기회도 제공하겠다고 밝혔다. 사과문은 최대한 몸을 낮추고 예의를 갖췄을 뿐만 아니라 아주 구체적인 대책을 제시하는 등 비교적 완벽에 가까웠다. 하지만 모든 미디어에서는 마치 중계라도 하듯이 불타는 물류창고 소식을 전했고, 덕평 하늘이 화재 연기로 검게 물든 것처럼 대중과 쿠팡의 마음에도 검은 먹구름이 드리워졌다. 안타깝게도 소방관의 생존은 거의 희박했고 유해 발견 소식이 전해진 뒤 반나절을 넘어서야 김범석 의장은 소리 소문 없이 조문의 발걸음을 옮겼다. 그의 조문 소식은 사진조차 없다가 차후에 10여 초도 되지 않는 영상으로 전해졌다. 김범석 의장의 조문과 쿠팡의 사과에도 국민들의 분노는 가라앉지 않았다. 언론에서는 그동안 쿠팡 노동 현장에서 일어났던 비인간적인 사건들이 연일 보도되면서 여론에 기름을 부었다.

사후 대처나 조치가 상당히 훌륭했음에도 쿠팡은 왜 국민적인 분노를 가라앉히지 못했을까? 결정적으로 정서의 영역을 놓쳤기 때문이다. 쿠팡의 사과는 글에 갇혔을 뿐 슬픈 일을 당한 분들을 위로하고 진심으로 아파하는 실제의 모습이 부재했다. 불과 3개월 전 뉴욕증시 상장에서 벨을 누르고 기뻐하며 인터뷰를 하던 김범석 의장의 모습을 미디어를 통해 접했던 대중은 물류센터 화재라는 불행한 사건에서는 오히려 김범석 의장의 모습을 전혀 볼 수 없게 되면서 일종의 배신감을 느끼고 국민적 반감으로 직결됐다. 한국에서는 결혼식에는 참석하지 않아도 장례식에는 반드시 참석하는 정서가 있는데, 이 정서를 간과함으로써 대중의 마음을 돌아서게 만들었다.

특히 한국 정서에서 최고경영자의 침묵은 곧 사과를 하지 않겠다는 신호로 받아들여지는 경향이 있다. 이런 정서 때문에 2014년 2월 경주 마우나리조트 붕괴 참사가 발생하자 코오롱 그룹 이웅렬 회장이 직접 나서 대국민 사과를 했고, 2011년 현대카드 개인정보 유출이 일어났을 때도 정태영 부회장이 신속한 대국민 사과를 했다. 이웅렬 회장과 정태영 부회장의 사과는 세 가지 공통점이 있다. 무엇보다도 최고책임자가 나섰고, 최대한 빠른 시일 내에 대처했고, 사과와 함께 구체적인 재발 방지 대책을 제시했다는 점이다. 만약 김범석 대표가 재빠르게 기자회견을 자처해 대국민 사과를 하고 유가족에 대한 책임과 향후 재발 방지를 위한 구체적 대안을 제시했더라면 과연 쿠팡에 대한 반감이 지금처럼 깊어졌을까 싶다. 대중은 최고책임자가 겸손하게 진정성을 담아 사과의 제스처를 취하는 모습 자체만으로도 분노의 게이지를 낮추기 때문이다.

쿠팡에 어벤저스급 홍보팀이 있고 대관 조직도 갖춰져 있는데도 김범석 의장은 어떤 이유로 온라인을 통해 대국민 사과문을 발표하는 소극적인 의사결정을 했을까? 아마도 가장 큰 원인은 한국적 정서를 읽지 못한 김범석 의장의 한계였을 것이라고 짐작해 본다. 외국계기업에서는 잠재적인 소송에서 불리해질까 봐 사과에 대해 인색한 경향이 있는데, 한국계 미국인이고 미국에서 교육을 받고 커리어를 쌓은 김범석 의장은 이런 문화를 지니고 있었을 것이다. 이 때문에 홍보팀은 김범석 의장의 대국민 사과는 감히 엄두도 내보지 못했을 것 같다. 홍보하는 업을 가진 입장에서, 쿠팡 홍보팀이 화재사건 이후 어떤 고생을 했을지 동병상련의 마음으로 감히 헤아려 보면서도, 한편으로는 기업의 커뮤니케이션은 대표의 자세가 그대로 표출되기 마련이기에 결국 쿠팡의 위기는 커뮤니케이션보다 법무에 무게를 두는 김범석 의장의 평소 자세가 그대로 투영된 결과가 아닐까 싶다. 쿠팡은 법리적 논리적으로 이번 화재사건을 비롯해 여러 부정적 사건들을 완벽하게 해결했을지는 몰라도 정서의 영역을 외면하면서 마음의 전쟁에서 질 수 밖에 없었다.

흔히 기업에서 위기관리를 할 때 법적인 면에서 이기고 여론에서 지는 즉, 마음의 전쟁에서 지는 하수를 두는 경우가 상당하다. 하지만 대중의 마음은 한번 돌아서면 좀처럼 되돌리기가 참으로 어렵다. 쿠팡은 이미 국민 서비스가 됐고 쿠팡이 주는 편리함에 익숙해진 대중의 습관은 아마도 바꾸기 어려울 것이다. 그렇지만 쿠팡의 서비스를 이용하는 국민들이 과연 쿠팡을 아끼고 애정 어린 기업으로 받아들이게 될까? 쿠팡은 이미 너무 깊고 넓은 마음의 강을 건너 버렸다. 쿠팡과 국민 사이에는 편리라는 불안하고 얕은 크레바스가 존재하고 있을 뿐이다. 대중의 마음을 헤아리고 껴안는 리더의 커뮤니케이션은 마음의 전쟁에서 완패하고 있는 쿠팡이 풀어야 할 가장 어려운 문제가 될 것이다.

5장

B2B
딥테크 스타트업 PR

스타트업에는 모자란 것이 너무 많지만 언제나 길은 있다. 특히 홍보
는 아주 훌륭한 길잡이가 되어 줄 수 있다. 이 과정에서 스타트업 성
장에 대한 깊은 이해와 특성을 아는 전문가이자 파트너가 필요하다.
스타트업의 성장 파트너 선을만나다의 태윤정 대표가 쓴 책이야말로
그로스해킹의 정석이다.　　　　　　　■ 베스핀글로벌 이한주 대표

1

B2B 홍보의 핵심, 고객사 레퍼런스

2017년 1월, 당시 설립된 지 일 년이 좀 지난 베스핀글로벌의 홍보를 맡았다. 스파크랩의 공동창업자 중 한 명인 베스핀글로벌 이한주 대표가 우리 회사가 스파크랩의 홍보를 맡는 동안 스파크랩의 달라진 위상을 경험한 덕분에 당사의 홍보를 요청한 것이다.

엉겁결에 홍보를 맡았지만 해당 지식이 거의 없는 깜깜이 상태였다. 더욱이 국내에서는 클라우드 MSP^{Management System Provider}라는 영역이 이제 막 IT 전문지 중심으로만 통용되던 시절이었다. 이한주 대표의 도움으로 맹렬한 학습 과정을 거쳤고, 이때 디지

167

털 트랜스포메이션에 대한 개념을 아주 확실하게 배웠다. 마치 역사를 두고 B.C.와 A.D.를 나누듯이, 디지털에 대한 인식은 이 한주 대표를 만나기 전과 후로 바뀌었다고 감히 고백할 수 있다.

우리는 기자 미팅에서 설득하기 위해 클라우드 MSP에 대해 한마디로 정의할 수 있는 표현이 필요했다. 그래서 "AWS^Amazon Web Services와 Microsoft Azure 같은 클라우드가 '집' 또는 '아파트'라면 클라우드 MSP는 '아파트 관리회사'"라는 개념을 정리했다. 이와 함께 베스핀글로벌을 '클라우드 전환에 필요한 모든 과정을 서비스하는 스타트업'으로 정의했지만 너무 생경한 영역과 개념이라 기자들은 좀처럼 쉽게 이해하지 못했다.

우리는 클라우드와 클라우드 MSP 시장 상황, 기업들의 전반적인 상황을 전달하는 한편, 가장 확실한 고객사 스토리 전달을 중심으로 하는 홍보 전략을 세우고 실행에 옮겼다. 때마침 세계 최초로 중국에서 네트워크 안전법(2017년 6월 1일 시행)을 6개월 앞둔 시점이었고, 베스핀글로벌의 고객사인 아모레퍼시픽 사례를 통해 클라우드 MSP의 역할을 가장 확실하게 전달하면서 설득력을 얻었다. 아모레퍼시픽이 중국을 대상으로 한 화장품 사업에서 큰 성공을 거둔 상황이라 기자들의 이해가 빨랐다. 당시 아모레퍼시픽의 인프라 시스템인 클라우드 서버는 인천 송도에 있었고, 네트워크 안전법 때문에 중국에 클라우드 서버를 둬야 하는 문제

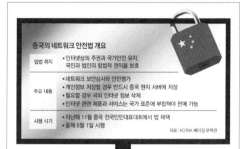

중국의 네트워크 안전법 개요	
입법 취지	• 인터넷상의 주권과 국가안전 유지, 국민과 법인의 합법적 권익을 보호
주요 내용	• 네트워크 보안심사와 안전평가 • 개인정보 저장할 경우 반드시 중국 현지 서버에 저장 • 필요할 경우 국외 인터넷 정보 삭제 • 인터넷 관련 제품과 서비스는 국가 표준에 부합해야 판매 가능
시행 시기	• 지난해 11월 중국 전국인민대표대회에서 법 채택 • 올해 6월 1일 시행

자료: KOTRA 베이징 무역관

中, 6월부터 외국기업 데이터 옥죄기
한국기업들 "희생양 될라" 대책 비상

최근 아모레퍼시픽은 중국 사업장에서 나온 고객정보 등의 데이터를 분리하는 작업을 마쳤다. 이니스프리, 에뛰드를 비롯한 16개 브랜드의 중국 사업에서 나온 정보는 이젠 한국 송도의 데이터센터가 아니라 마이크로소프트(MS)가 중국에서 운영 중인 클라우드 '애저'에 저장된다.

지난해 11월 중국이 전국인민대표대회에서 통과시킨 '네트워크 안전법'의 올해 6월 1일 시행을 앞두고 아모레퍼시픽이 발 빠르게 대응한 것이다.

중국 정부는 사이버 공격과 유해정보 확산, 개인정보 보호 등을 통해 국가 안보를 수호한다는 명분으로 이 법을 만들었다. 하지만 중국에서 사업을 하는 외국 기업들은 이 법이 외국 기업 감시 및 진입 장벽 강화로 작용할 것으로 보고 있다. 자국민의 개인정보를 수집하거나 처리하는 기업은 해당 서버를 중국에 둬야 하고, 해외에 저장된 데이터는 중국 당국의 광범위한 검증을 받도록 하는 내용이 포함되어 있기 때문이다.

아직 법안의 세부 시행령이 나오지 않았지만 중국에서 사업을 하고 있는 국내 주요 기업들은 6월 법 시행을 앞두고 대책을 마련하느라 분주하다.

삼성그룹 LG그룹은 계열사별로 해당 법안에 따른 영향을 파악하고 있는 것으로 알려졌다. LG CNS 관계자는 "중국에서 발생한 데이터를 중국 내 데이터센터로 옮길 때 들어가는 비용이나 기간이 어느 정도인지 파악하고 있다. 11월에 공개된 법안에서 공시된 개인정보 수집 동의 및 파기 등과 관련한 시스템 개편 작업을 진행하고 있다"고 말했다.

국내 기업들은 중국 정부가 어떤 기업을 핵심 정보 인프라 운영자로 정의할 것인지에 촉각을 곤두세우고 있다. 핵심 정보 인프라 운영자로 지정되면 각종 보안심사와 안전평가를 받아야 하고 핵심 정보 인프라와 관련된 개인정보는 반드시 중국 현지 서버에 저장해야 한다.

지난해 공개된 초안에서는 사용자 수를 기준으로 일정 수준을 넘어가면 핵심 정보 인프라 운영자로 지정될 수 있다고 명시했으나 최종 안에는 그 부분이 빠졌다. 그 대신 통신·방송, 에너지, 교통, 금융, 의료 등 네트워크 안전과 관련되는 부분을 핵심 정보 인프라로 정의한다는 다소 모호한 기준으로 바뀌었다.

중국에서 클라우드 서비스에 관한 컨설팅을 제공하는 기업인 베스판글로벌의 이 한구 대표는 "공식 입법 절차를 통해 채택된 네트워크 안전법이 법적 근거를 가지게 돼 따라 6월 시행 후 본보기로 일부 해외

中, 사이버공격 방어 등 명분
"개인정보 수집 서버 中에 둬야"
法 시행후 미준수 기업 철퇴 우려

삼성·LG 등 시스템 개편 추진

기업에 대해 법 미준수를 이유로 철퇴를 내릴 수도 있다"고 말했다.

전문가들은 중국 정부가 이 법률을 통해 중국에서 사업하는 해외 기업의 규제를 강화할 것으로 보고 있다. 주중 미국상공회의소는 이 법이 통과된 직후에 성명을 통해 "이 법은 외국 기업의 진입장벽을 높이는 결과를 초래하고 보안보다는 보호주의를 강조하는 것"이라고 강하게 비판한 바 있다.

김유향 국회입법조사처 과학방송통신팀장은 "지금과 같은 보호무역 강화 분위기 속에서 중국 정부가 핵심 정보 인프라 운영자 지정 기준을 유연하게 가져갈 가능성이 높다"며 "중국 사업 비중이 높은 기업들은 현지에 서버를 두는 식으로 미리 준비하는 것이 좋을 것"이라고 말했다.

신수정 crystal@donga.com · 김재희 기자

가 생겼다. 이에 대한 모든 전환 작업을 베스핀글로벌이 맡았다는 설명으로 클라우드 MSP와 베스핀글로벌에 대한 인지도를 넓혔다.

지금이야 미국과 중국의 디지털 패권전쟁이 거의 모든 언론에서 다루는 보편적인 주제가 되었지만, 당시 중국의 네트워크 안전법은 오늘날 데이터 주권*을 둘러싼 전초전으로 가장 중요한 스토리텔링 소재였다. 클라우드야말로 디지털 패권과 데이터 주권의 인프라고, 이를 가능하게 하는 서비스로 클라우드 MSP에 대한 여론을 형성하기 시작했다.

우리는 아모레퍼시픽과 네트워크 안전법을 통해 미디어 여론을 형성하고 인지도를 높이는 한편, 베스핀글로벌의 고객사 수주를 지속적으로 알렸다. 특히 베스핀글로벌이 삼성전자의 프로젝트를 수주하게 되면서 미디어에서는 그 이유에 대해 관심을 갖기 시작했고, 삼성전자를 필두로 연이어 대기업 고객사 수주가 이어지면서 베스핀글로벌에 대한 미디어의 기대는 증폭됐다.

베스핀글로벌처럼 딥테크 분야는 아니지만 기업 고객을 대상으로 하는 B2B 고객사 홍보 사례로, 일본에 진출해서 현지 민박

((🔔))

데이터 주권 개인의 신체나 재산처럼 개인과 국가, 기업이 만든 데이터에 정보 권리를 부여해 각 데이터가 어디서, 어떻게, 어떤 목적으로 사용될지 결정할 수 있는 권리.

시장을 석권하고 호텔의 디지털 트랜스포메이션을 가속화시킨 H2O호스피탈리티가 있다. 프롭테크 기반의 H2O호스피탈리티는 일본의 에어비앤비 관리회사를 인수해 일본 내 첫 사업을 시작했다. 2018년 일본 내 해외 관광객이 3천만 명을 넘어서자 객실 수요가 모자라는 현상이 생기면서 일본 정부는 '신민박법(주택숙박사업법)'을 전격 시행했다. 기존의 건물을 객실로 전환하되 객실 관리의 질적 향상을 위해 정부에서 허용하는 기업에서 관리하도록 하는 것이다. H2O호스피탈리티는 기존 호텔에서 하나의 건물을 관리하던 PMS Permanent Management System를 민박에 맞는 분산형으로 개발하고 상주 인력에 의존하던 관리 방식에서 벗어나 순환형 인력 투입 시스템을 만들었다. 민박에 최적화된 분산형 시스템을 통해 호텔업의 최종 목표인 부동산자산의 가치를 높이는 데 탁월한 성과를 거두면서 일본 최대의 이커머스 기업인 라쿠텐 계열사인 라쿠텐 라이플스테이와 OTA Online Taravel Agency 독점계약을 맺는 등 놀라운 성장을 거듭했다.

우리는 라쿠텐과의 OTA 독점계약을 스토리텔링 하면서 일본의 민박 시장을 석권하고 있는 H2O호스피탈리티의 현황을 알렸다. 기자들에게 호기심과 기대감을 주기에 충분했고 단시간에 긍정적인 여론이 형성됐다. 우리는 여세를 몰아 일본 거대 기업들이 가진 부동산자산을 위탁 운영하고 부동산개발사업까지 확

철옹성 日 뚫은 K스타트업 … "라쿠텐 객실 등 2500곳 관리"

《日 최대 여행업체》

호텔·민박 관리 스타트업 H2O호스피탈리티 이용희 대표

이용희 대표가 이끄는 H2O호스피탈리티(H2O)는 외국 스타트업(신생 벤처기업)의 불모지로 꼽히는 일본에서 성공한 보기 드문 업체다. 일본 내 아름값은 글로벌 숙박공유업체인 에어비앤비 이상이다. 이 대표는 "지난해 6월 개정된 신(新)민박법이 회사의 운명을 바꿨다"고 설명했다.

◆新 신민박법이 만든 틈새시장 장악

최근 일본은 호텔 부족으로 고심하고 있다. 당초 일본 정부는 도쿄올림픽이 열리는 2020년 외국인 방문객을 2000만 명으로 예측했다. 하지만 이미 2017년에 2500만 명의 외국인이 일본을 찾았다.

일본 정부는 결국 지난해 6월 신민박법을 통과시켰다. 일반 빌딩이나 주택을 개조해 숙박업소로 활용하는 것을 허용하는 게 골자였다. 개인 자격으로 숙박공유를 하는 것은 여전히 불법이라 불법이라 안정한 관리 업체가 관리하는 업소에만 해서야 영업이 가능하다.

단초 일본 정부는 일본 최대 여행상품 판매업체인 라쿠텐 등 여행업을 하는 일본 대기업과 관리 업체 연합을 해줄 것으로 기대했다. 그러나 의외로 관리업에 뛰어드는 업체가 드물었다. 사실마다 운영 시스템이 제각각인 데다 청소, 시트 교체 등의 오프라인 업무가 상당한 탓이다. 번거로움을 무릅쓰고 투자비(가맹) 시장 규가 크다는 게 현지 대기업들의 판단이었다. 이 번자리에 뛰어든 게 H2O였다.

미국 코넬대 호텔경영과를 졸업한 이 대표는 글로벌 투자은행 모건스탠리, 액셀러레이터(창업 기획업체) 자비스의 서비스

을 거친 뒤 스타트업 창업자로 방향을 틀었다. 처음 시작한 것은 가사도우미 사업이었다.

이 대표는 '와홈' 브랜드로 B2B(기업 간 거래) 사업을 펼쳤다. 기업 사무실을 청소하고 호텔 청소시트를 교체해주는 게 핵심 사업모델이었다. 이 대표는 일본 신민박법 개정을 준공한 2017년 1월 일본에 진

무주공산 日 시장 장악

올림픽 앞둔 日, 관광객 폭증에 전문 업체의 숙박공유업만 허용하자 가사도우미 회사 운영 노하우로 日 숙박업소 관리시장 빠르게 장악

최종 목표는 일본·하얏트

'심속' 하면 떠오르는 브랜드 만들 것

출했다. 자신의 경력과 와홈을 운영하며 축적한 노하우를 손부동을 수 있는 시장이 일본이라고 판단했다는 설명이다.

이 대표는 무주공산이던 일본 숙박업소 관리시장을 빠르게 장악했다. 지난해 연 라쿠텐의 자회사 라쿠텐 라이프스테이와 단독계약을 맺어 업체를 늘려게 했다. 라쿠텐 라이프스테이는 일본 전역에 3800개 객실을 보유하고 있다. H2O는 올해 라쿠텐 보유 객실 중 1800실을 대신 운영해 객실 정보·운영 객실 수를 늘려 나갈 계획이다.

이 대표는 "민박업체 관리용 소프트웨어를 만들 수 있는 업체는 우리 외에도 많지만 청소 등 오프라인 업무까지 함께 맡을 수 있는 업체는 흔치 않다"고 했다. 그는 "서비스 수준, 가격 경쟁력 등에서 경쟁자들을 앞설 수 있었던 것은 오프라인 사업으로 쌓은 노하우 덕분"이라고 덧붙였다.

◆'호텔 사업의 본질' 바꿀 것

H2O의 사업모델은 자사 브랜드 사용 여부, 수익 분배 방식 등에 따라 몇 가지로 나뉜다. 라쿠텐 라이프스테이처럼 주인이 따로 있는 민박이나 호텔을 관리

하기도 하고, 건물 전체를 통으로 빌려 'H2O' 브랜드를 붙이기도 한다. 객실 에 약 판매는 라쿠텐이나 아닌지 등 외부 업체에 위탁한다.

2월 기준으로 이 회사가 일본 내에서 관리 중인 객실은 1569실. 이 중 H2O 브랜드가 붙은 객실은 452실이다. 이 대표는 "올해 상반기 말이면 관리하는 객실 숫자가 2500실을 넘어선다"며 "한국에서 스타트업이 보유한 객실 규모를 넘어서는 셈"이라고 말했다.

현재 H2O 관리 객실의 가동률은 95% 선이다. 75% 선인 에어비앤비를 앞서고

H2O호스피탈리티는 어떤 회사

설립자	이용희 대표
설립	2015년 4월
일본 진출	2017년 1월
일본 관리 객실 목표	2월 기준 1569실, 상반기 중 2500여 개
사업모델	숙박공유 에이전시, 호텔 운영
특징	일본 라쿠텐 라이프스테이와의 협약 업체로 해당 회사 보유 객실을 위탁운영

있다. 일본 비즈니스호텔에서 보기 힘든 넓은 면적의 객실 때문이다. 민박임에도 불구하고 호텔급 서비스가 가능한 것도 H2O의 경쟁으로 꼽힌다.

이 대표는 "오사카에 있는 30㎡ 크기의 객실 월세가 9만~12만엔"이라며 "이를 3개의 숙박시설로 바꾸면 1개에 1만5000엔을 받을 수 있다는 논리로 부동산 소유주들을 설득하면서 사업을 확장하고 있다"고 설명했다.

이 대표 목표는 '숙박업의 개념'을 바꾸는 것이다. 일본에서 H2O 브랜드가 붙은 숙박은 '하우스 키퍼(청소·시설관리)' 부서가 없다. 외부에 아웃소싱이 가능한 영역을 굳이 호텔 내로 끌어들일 이유가 없다는 설명이다. 체크인을 하는 '프런트 데스크'엔 태블릿PC만 비치돼 있다. 신분증을 활용하면 객실 키가 나오는 방식이다.

이 대표는 "힐튼이나 하얏트는 브랜드를 강화하는 대신 신경 쓰지 투숙객에게 돌아가는 실질적인 가치를 등한시한다"며 "가성비를 중시하는 투숙객을 겨냥한 글로벌 숙박업 브랜드를 구하는 게 꿈"이라고 말했다.

송형석 기자 click@hankyung.com

(39.0×20.25cm)

이용희 H2O호스피탈리티 대표가 노트북으로 자사 홈페이지를 설명하고 있다. 네이버 제공

`\` 《한국경제》 2019년 2월 13일자

장 중인 수주 스토리를 재빠르게 알렸다. 그리고 사정이 닿는 데 까지 기자들의 일본 현지 팸투어를 조율해서 체감도를 높이는 전략을 펼쳤다. 홍보를 시작한 지 일 년도 채 되지 않아서 거의 모든 기자들이 H2O호스피탈리티를 언급하고 후속 소식을 알고 싶어 하는 그야말로 '힙한' 스타트업으로 자리매김했다.

베스핀글로벌과 H2O호스피탈리티 사례처럼 기업을 대상으로 하는 B2B 스타트업 홍보는 핵심 기술이나 비즈니스에 대해 누구나 이해 가능하도록 정의와 개념을 만드는 것이 홍보의 첫 전략이다. 그리고 실제 비즈니스 계약과 수주 건을 들어 큰 설득력을 얻는 것이 중요하다. 막연한 기술적 우위나 비즈니스모델에 대한 설명보다는 구체적인 고객사 적용 사례를 통해 실체화된 성장을 증명할 수 있고, 대중적 인지도나 미디어가 알 만한 고객사 사례가 많아질수록 시장에서의 기술과 비즈니스의 보편성을 증명하기 때문이다.

그러나 여기서 반드시 명심해야 할 사안이 있다. 수주 레퍼런스가 아무리 많아도 홍보에 활용하지 못하는 경우가 허다한데 바로 계약 단계에서 마케팅·홍보 동의를 구하지 않았기 때문이다. 베스핀글로벌이나 업스테이지 같은 딥테크 고객사들 역시 처음에는 정말 의미 있는 수주인데도 마케팅 동의를 구하지 않아 이를 활용하지 못하는 경우가 종종 있었다. 수주를 받은 기업은

'을'이고 프로젝트의 발주한 '갑'의 동의 없이는 마케팅 홍보를 할 수 없는 게 현실이다. 모 대기업의 전사적 프로젝트를 수주했을 때도 마케팅 동의를 받지 못해 적극적으로 홍보할 여건이 되지 않았다. 이런 경우는 우리 고객사가 주체적으로 홍보할 수 없기 때문에 오히려 대기업을 취재하는 기자들이 취재에 나서도록 하고 기사의 주체를 다르게 하여 수주 사실을 대대적으로 홍보하는 일도 있었다. 하지만 극히 희박한 경우이고 대기업의 영향력을 내세운 후속 조치도 감안해야 하기 때문에 되도록이면 권하고 싶지 않다. 이 때문에 B2B 비즈니스를 하는 스타트업들은 계약 과정에서 쉽지 않은 절차와 과정이 있더라도 반드시 마케팅 동의를 구하고 이를 최대한 홍보해서 기술력과 서비스 경쟁력을 대외적으로 증명하는 방식을 쌓는 것이 바람직하다.

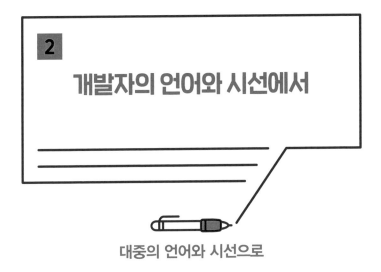

2 개발자의 언어와 시선에서

대중의 언어와 시선으로

B2B 스타트업의 경우 구성원 대부분이 개발자 출신으로 이루어져 있고, 마케팅을 하는 직원들이 거의 홍보 업무를 담당하게 된다. 때문에 B2B 기술 및 서비스를 하는 스타트업과 계약을 하면 제일 처음 하는 일은 대중적 언어로 눈높이를 맞추는 것이다. 고객사의 기술과 비즈니스를 꾸준하게 알리고 설득해 좋은 기사로 만들기까지의 과정에는 시간과 인적 네트워크를 활용한 투자가 반드시 필요하다. 그러나 프로모션과 퍼포먼스 중심으로 특정 시기 동안 인력과 비용을 투입해 성과를 내는 마케팅 업무의 특성상 '가랑비에 옷 젖는 것'처럼 지속적으로 홍보의 1차 대상인 기

자를 설득하는 과정 자체를 이해하지 못하는 경우가 생긴다.

특히 B2B 스타트업의 경우, 전문지와 대중지를 분리해서 홍보해야 하는 현실조차도 일일이 이해시켜야 한다. 전문지의 특징은 기술적으로 어려운 사안도 기사화하는 경우가 많다. 또 상대적으로 취재 대상과 범위가 대중지에 한정된 비중이 적은 사안이라도 단신 기사화가 비교적 수월하고, 독자 역시 관련 업계 종사자이기 때문에 전문적인 기술 용어를 쉽게 이해할 수 있다. 하지만 대중지는 기사에 대한 접근법이 사뭇 다르다. 우선 기술적 전문성을 가진 사안을 기사 아이템으로 채택하지 않는다. 일반 독자나 시청자들이 이해하지 못하기 때문이고, 기사 발제 단계에서 담당 데스크에서 허락받지 못하기 때문이다. 이렇게 매체의 성격이 다른데도 전문지의 단신 기사에 집착하거나 관련 업계 지인들의 바이럴에 의존해서 대중지에 전문지 같은 콘셉트의 단신 기사로 양적 충족이나 기술적 우수성을 요구하는 경우도 종종 있다.

따라서 우리 회사는 매체에 대한 이해가 달라 생겨나는 고객사와의 시행착오와 갈등을 줄이기 위해 대표들과의 허심탄회한 대화를 통해 눈높이를 맞추는 과정을 반드시 거친다. 대중지의 비중 있는 기사에 초점을 맞출 것인지, 아니면 전문지의 단신 기사로 기사량을 늘리기 원하는지에 따른 선택을 하도록 한다. 그리고 보도자료에 기술적 전문성이 필요한 경우 전문지 위주로 공략하고, 예외로 비즈니스적 가치가 있는 경우에는 범용적인 홍보 효과가 월등히 높은 대중매체를 선택해 공략한다.

중앙일간지와 경제지의 경우, 해당 스타트업의 주요 비즈니스가 갖는 사회적 가치와 산업에서 차지하는 영향력을 감안해 홍보 아이템을 기획한다. 실제로 베스핀글로벌 클라우드 관리 소프트웨어인 옵스나우^{OpsNow}의 기술 중 핀옵스^{FinOps, Financial Operations}는 클라우드 사용 비용을 줄일 수 있는 기술인데, 핀옵스 자체만으로는 홍보 아이템으로 적절하지 않았다. 그래서 코로나 19 팬데믹 이후 온라인 비즈니스와 재택근무 등으로 클라우드 사용량이 폭증하면서 비용 부담을 느끼는 기업의 현실을 보여 주기로 했다.

우리는 명함 관리 앱인 리멤버를 통해 기업의 CEO와 CTO^{기술 총책임자}를 대상으로 하는 설문조사를 2주간 실시했고, 클라우드 사용량이 늘면서 비용이 증가했다는 가설을 국내 최초로 증명하며 설득력을 확보했다. 이 기초 자료에 핀옵스를 써서 클라우드 비용을 줄인 기업의 사례를 제시했다. 여기에 비용 절감을 위한 몇 가지 취재 사례가 더해지면서 기사를 논리적으로 완결했다. 핀옵스의 기술 자체를 알리기보다는 실태를 통해 클라우드 비용 절감에 대한 필요성을 확보하고 실제 비용을 아낀 사례를

'비대면' 길어지자…ICT기업 "클라우드 비용 줄여라"

디지털 전환에 비용 눈덩이
수백억원 지출하는 펄어비스
클라우드 협력사 재선정 나서

비용 20% 줄이는 컨설팅 인기
'쓴 만큼 내는' 서비스도 등장

팬데믹 이후 클라우드 비용이 증가했나
50% 이상 26.3
30% 이상 46.7
증가하지 않았다 18.6
100% 이상 8.4
(단위=%)

클라우드 사용이 늘어난 이유는
재택근무 등 변화 때문 53.9
SaaS 프로그램 많이 써서 34.1
언택트 사업 매출이 늘어서 12.0
(단위=%)

클라우드 비용을 줄이기 위한 노력은
미사용 시간 자동 중단 32.3
따로 노력하지 않음 38.3
AWS 등 외부 서비스 이용 29.4
(단위=%)
자료=엑셀러레이터 업체 '선을 만나다'

#게임 '검은사막'을 만든 펄어비스는 최근 클라우드 사업자를 다시 선정하고 있다. 2019년 사티아 나델라 마이크로소프트(MS) 최고경영자(CEO)가 한국을 방문했을 때 클라우드 관리기업(MSP) 클루커스와 손잡고 중소 게임사들을 위한 전용 서비스를 선보이며 주목을 받았다. 하지만 최근 계약이 끝나면서 수백억 원에 이르는 클라우드 프로젝트의 사업자 전환을 시도하고 있다. MS 외에 아마존웹서비스(AWS)와 구글 클라우드 플랫폼(GCP)이 펄어비스를 고객사로 확보하기 위해 적극 나섰다. AWS는 GS네오텍, GCP는 메가존을 파트너로 프로젝트 수주에 나선 것으로 알려졌다.

#헬스케어 인공지능(AI) 플랫폼 기업 헬스허브는 최근 클라우드 비용 컨설팅을 통해 클라우드 비용 20%를 절감했다. 이 회사는 연간 약 300만건의 의료 영상을 판독하면서 국내 원격 판독 시장의 60%를 점유하며 1200여 개의 의료기관과 협력하고 있다. 지난 1월의 클라우드 사용량보다 12월의 사용량이 150% 이상 증가해 비용 절감에 대한 필요성을 느껴 베스핀글로벌을 통해 비용 컨설팅을 받았다.

코로나19로 비대면 서비스 등이 증가하면서 기업들의 클라우드 사용량이 급증하는 가운데, 비용 절감을 고민하는 기업이 많아지고 있다. 게임, 전자상거래 등 정보기술(IT) 분야뿐 아니라 제조, 헬스케어, 유통에 이르기까지 모든 분야의 기업이 자사 IT 인프라스트럭처와 데이터 관리를 클라우드 컴퓨팅 기반으로 전환하고 있지만, 비용이 만만치 않기 때문이다.

지난달 30일 액셀러레이터(AC) 업체 '선을 만나다'가 168명의 CEO와 최고기술경영자(CTO)를 대상으로 클라우드 비용에 대해 설문조사한 결과에 따르면 기업들이 비대면 근무로 인한 협업 툴 이용 등에 클라우드를 이용하면서 비용이 크게 증가한 것으로 나타났다. 코로나19 이후 모든 기업이 클라우드 사용 비용이 늘어났다고 답했으며 이 중 100% 이상 증가한 기업이 8.4%, 50% 이상 증가한 기업도 26.3%로 나타났다.

특히 전체 응답자 중 10명 가운데 9명이 클라우드 비용 증가가 부담스럽다고 밝혔다. 지난해 IT 인프라를 클라우드 기반으로 전환하는 사례가 늘었지만 응답자 중 73.7%는 클라우드 비용이 매우 부담스럽다고 답했다.

기업들이 클라우드를 주로 사용하거나 사용량에 따른 과금 모델, 구간을 정해놓은 과금 모델도 있다. 아직 국내에선 유지나 구간에 따른 과금을 기준으로 계약하는 사례가 많다. 또 사용량에 따른 과금이더라도, 3년이나 5년 등으로 계약 기간을 정해놓는 것이 일반적이기 때문에 이 기간 동안에는 계약을 해지할 수 없거나 하면 붙이 을 받게 되는 방식이다.

하지만 최근 변화의 조짐이 보이고 있다. 코로나19로 재정적 어려움에 직면한 기업이 많아지면서 사용량만큼만 지불하고 언제든지 해지할 수 있는 과금 방식을 채택하는 기업이 늘고 있다. 미국 시장조사 업체인 가트너는 "2021년에는 매출 상위 20개 SaaS(Software as a Service) 공급자의 절반이 사용량 기반 가격 정책을 도입할 것"이라고 예상했다.

해외에서는 이 같은 방식의 서비스를 제공하는 '스노플레이크'가 상장한 후 큰 주목을 받고 있다. 중앙집중화된 데이터 스토리지를 통해 데이터를 효율적으로 저장하고, 기존에는 몇 시간이 걸리던 데이터 접속을 몇 분으로 단축시켜 준다. 무엇보다 데이터를 저장한 만큼만 과금하는 모델이어서 기업 고객들이 선호하고 있다.

최근 국내에서도 이 같은 서비스를 제공해 기업 부담을 줄이려는 운영 서비스가 등장한다. 베스핀글로벌이 '믿음스'라는 클라우드 운영 서비스를 개발했고 B2B 금융솔루션 핀테크 '고위드'도 스타트업들을 위해 AWS 사용 비용 절감 서비스를 선보이고 있다. 이를 통해 비용을 절감한 네오위즈 시스템 운영자 김동하 매니저는 "사용하지 않는 리소스에 대해 운영자 중심의 관리 서비스를 구현했다는 점에서 무척 만족하고 있다"고 말했다.

이동민 기자

《매일경제》 2021년 1월 4일자

통해 구체성을 확보함으로써, 대중지에 누구나 쉽게 이해되는 기사로 핀옵스 도입의 필요성을 설명할 수 있게 됐다.

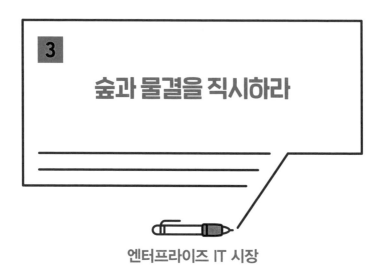

3

숲과 물결을 직시하라

엔터프라이즈 IT 시장

쿠팡, 배달의민족, 마켓컬리, 당근마켓 등 스타트업 서비스는 이제 국민 생활에 깊숙이 스며들어 있다. 명실상부 국민 서비스라고 할 수 있는 네이버와 카카오 역시 그 출발이 스타트업이었다는 걸 감안하면 아침에 눈을 떠서 잠드는 순간까지 우리 대부분은 스타트업 서비스를 이용하는 것이다. 스타트업 생태계에 종사하는 입장에서 불과 5~6년 사이에 스타트업의 서비스와 제품이 널리 알려지게 된 것은 너무도 반가운 일이다. 그런데 이들은 모두 일반 소비자들을 대상으로 하는 컨슈머 IT라는 특징을 갖고 있다.

그런데 글로벌 IT 리서치 기관인 가트너Gartner에 따르면, 컨슈머 IT 못지않게 기업들을 대상으로 하는 엔터프라이즈 IT는 무려 4천조 원의 거대한 시장을 갖고 있다. 특히 엔터프라이즈 IT는 기술적 우위만 증명되면 기술적 보편성을 확보하게 되고 컨슈머 IT에 비해 글로벌시장에 진출하기 훨씬 수월하다. 컨슈머 IT는 문화적 차이를 극복해야 하는 가장 큰 허들이 있지만 엔터프라이즈 IT에는 문화적 차이라는 허들이 존재하지 않기 때문이다.

우리는 베스핀글로벌의 홍보를 맡으면서 엔터프라이즈 IT의 중요성에 대해 지속적으로 알렸다. 컨슈머 IT에 대해서는 대중적으로 관심이 많을 수밖에 없지만, 기업을 대상으로 하는 엔터프라이즈 IT는 대체로 관심이 낮고 자연스럽게 미디어 피칭 기회도 낮아지기 때문이다. 더욱이 우리나라는 엔터프라이즈 IT를 1980년대부터 대기업의 SISystem Integration(정보시스템 통합) 기업들이 독과점하면서도, 정작 글로벌시장에서는 인정받지 못하고 우물 안 개구리로 너무 오래 있어 왔기에 미디어의 관심이 상대적으로 아주 낮았다. 우리는 이런 여론 지형이 바뀌어야만 좋은 정책으로 이어지고 좋은 인재들과 투자사도 생겨나면서 한국의 엔터프라이즈 IT 산업의 생태계가 견실해질 것이라고 확신했다. 이를 위해 지속적으로 엔터프라이즈 IT의 중요성을 알리는 홍보를 2~3년간 펼쳐 왔다.

국내 주요 미디어에서는 거의 다루지 않았던 엔터프라이즈 IT와 클라우드 MSP에 대한 인식을 넓히는 동시에 클라우드 인프라에서 실행되고 있는 데이터와 Saas 산업에 대해서도 인식의 저변을 넓히는 홍보를 펼쳤다. 이를 통해 클라우드 인프라에 대한 중요성을 간접적으로 설득할 수 있었다. 특히 2020년 코로나 19 팬데믹이 전 지구촌의 질서를 혁명적으로 바꿔놓는 상황과 맞물리면서 글로벌시장에서 데이터와 Saas 기업들이 약진하자 미디어의 관심도 높아지는 등 홍보하기에 아주 좋은 상황이었다. 우리는 이 시기에 국내 언론이 간과하고 있는 새로운 관점들을 제시함으로써 베스핀글로벌이 엔터프라이즈 IT업계를 리딩하는 포지션을 확보해 나갔다.

금융 플랫폼 고위드 역시 기업 간 B2B 비즈니스를 하는 스타트업으로 담당 기자들만이 아닌 금융 및 경제 기자들을 대상으로 전략을 짰다. 스타트업과 신용카드를 매개로 혁신 산업에 금융의 물줄기가 흐르도록 하는 고위드의 미션이 드러나는 홍보를 하기로 했다. 그런데 해당 기자들을 파고드는 것은 결코 쉽지 않았다. 기존 은행권 중심의 취재 관행과 논리에 너무 익숙해져 있었기

((🔔))

Saas Software as a Service 사용자가 필요한 서비스만 이용 가능하도록 한 소프트웨어.

월드클래스 IT기업으로 가는 길 'B2B'에 있다

ERP·오피스 등 기업 IT솔루션
5년내 4000조 시장으로 '빅뱅'
한국엔 아직 글로벌주자 없어

수년내 IT예산 80% 빨아들일
B2B 새 성장동력 클라우드서
韓 유니콘 키울 기회 잡아야

기업이 쓴 '전사적 자원 관리(ERP)'를 모르는 이는 없을 것이다. 글로벌 정보기술(IT) 컨설팅 가트너가 1980년대 키워드로 사용하기 시작하면서 널리 퍼진 ERP는 전 세계 모든 기업이 사용하는 가장 보편적인 IT 솔루션이다. 세계 최대 ERP 기업인 독일의 SAP가 만든 프로그램은 전 세계 5만여 개 기업이 사용하고 있고, 포천 500대 기업의 80% 이상이 사용하고 있다. SAP는 '엔털리프런 엔터프라이즈'라는 새로운 캐치프레이즈를 내걸고 ERP에 연결된 AI를 적용해 3년 내 전 세계 모든 ERP 업무에 딥러닝을 자동화할 예정이다.

마이크로소프트(MS)의 오피스 프로그램이나 어도비의 PDF 소프트웨어 '어도비 아크로뱃 프로'는 기업은 물론 개인도 거의 매일 쓰고 있다. MS, IBM, 오라클, 시스코, 아마존, 구글 같은 미국 기업들이 만든 하드웨어와 S/W 소프트웨어, 네트워크 제품들은 전 세계 모든 기업들이 사용한다. 기업 고객들은 이들 미국 엔터프라이즈 IT 기업에 종속돼 있다고 해도 과언이 아니다.

안타깝게도 대한민국에는 이 같은 시장 지배력을 가진 엔터프라이즈 IT 기업이 단 한 곳도 없다. 삼성

전자가 반도체, 휴대전화 분야에서 최고의 경쟁력을 갖고 있고, 한국은 통신이나 IT 인프라스트럭처 측면에서 전 세계 어느 곳에 내놔도 뒤지지 않지만 B2B(기업 간 거래) 글로벌 엔터프라이즈 IT 기업은 없다. 중소벤처기업부의 '2017년 벤처기업 정밀 실태조사 결과'에 따르면 벤처기업 매출에서 B2B 비중이 72.9%다. 거래 비중 역시 42.5%를 차지한다. 이 통계만 보더라도 B2B가 얼마나 중요한지 드러난다.

B2B 엔터프라이즈 IT에 주목하는 이유는 보편성과 범용성 때문이다. SAP 사례에서 보듯 경쟁력이 있는 기술은 전 세계 어디서든 누구나 사용한다. 소비재마다 다르겠지만 장벽이 없이 오직 기술력만으로 승부할 수 있다.

시장 규모 자체도 지배적 IT에 유리하다. 가트너에 따르면 전 세계 엔터프라이즈 IT 시장 규모는 2000조 원으로 추산된다. 향후 3년 내 4000조 원 규모로 성장할 것이란 분석도 있다. 신종 벤처, 스타트업이 미국을 이끌고 있다. 시장조사기관 CB인사이트에 따르면 2015년부터 올 1월까지 미국에서 가장 많은 투자를 받은 15개 스타트업 가운데 10개가

B2B 엔터프라이즈 IT 기업이었다. 절반 이상의 미국 벤처캐피털(VC)이 B2B에 투자하는 걸 미국 비트빈산에 따르면 2016년 초에서 기업과 소비자 간 거래(B2C) 투자는 급속줄면서, 미국의 B2B 스타트업 투자는 성장세를 보이며 총 13조원의 투자가 이뤄졌다.

한국이 미국에 비해 아직 초보 단계다. 글로벌 경쟁력을 갖출 곳으로 보이는 스타트업도 드물고 시장 분위기도 미성숙하다. VC와 창업자들의 세계 시장에서는 내수시장을 목표로 삼기보다는 단기적인 수익 창출에 관심을 두는 것도 이유로 보인다. 한국에 활동하는 VC는 대체로 B2B 엔터프라이즈 IT 산업에 대한 이해가 깊지 않고, 투자 가치도 깊지 않다. 통상 기업 가치 1조원 이상의 '유니콘'의 탄생하려면 5년간 1000억원 이상 투자가 필요한데, 이 정도 인내하고 꾸준히 투자 여력을 보유한 VC는 많지 않을 것으로 보인다.

한국 기업들에는 클라우드가 기반 B2B 서비스가 기회가 될 수 있다. 전문조직 하지 모델링 엔터프라이즈 IT 클라우드에 접근한 돌파구가 될 수 있다. 시장 선점이 급선무이다. 마크 베니 오라클 최고경영자

(CEO)는 지난해 10월 자사 세미나에서 2025년까지 모든 애플리케이션의 80%가 클라우드에 저장되고 IT 예산의 80%가 클라우드에 쓰인다고 말했다. 특히 2000조원에 달하는 엔터프라이즈 IT 시장에서 클라우드 관리·운영 시장만 100조원으로 추산된다. 이는 아마존웹서비스(AWS)와 MS 애저(Azure)로 대변되는 클라우드 서비스 시장과 맞먹는 규모다.

한국은 여기서 기회를 만들 수 있다. 클라우드 서비스 시장은 AWS과 MS라는 양대산맥에 사용하면서도 이름 관리·운영하는 시장에는 아직 지배적인 시장자가 없다. 이 시장에서 한국 기업들이 노린하고 성장할 수 있는 곳이 있다. 싱가포르 글로벌드 테마에 이나 레런드캐피털 같은 중국 투자자들은 이미 이 시장에 들을 돌려 유망기업을 찾고 있다. B2B 엔터프라이즈 IT에 새 저 산업혁명에 답이 있다. 여기에 한국 기업을 위한 기회기 존재한다.

이존주 베스트윈글로벌 대표

때문이다. 핀테크를 다루는 기자들은 그나마 설득이 가능했는데 돈이 필요한 곳에 자본을 흐르게 하는 금융의 본질이 폭발적으로 성장하는 혁신 산업에는 적용되지 않는 현상을 설득하는 데는 만만치 않은 어려움이 있었다. 특히 고위드 홍보에서는 기업가치가 바뀐 시대에도 경직된 금융 시스템을 고수하는 기존 금융산업의 문제점을 제기하면서 고위드가 이끄는 혁신산업 시대의 금융 시스템 필요성을 설득했다. 더불어 40년 만에 시장의 니즈에 의해 등장한 새로운 신용평가 시스템에서 고위드의 역할을 홍보했으며, 기사와 기고 등을 통해 고위드의 가치와 경쟁력을 드러내고 혁신 산업을 위해 필요한 금융 플랫폼임을 알렸다.

베스핀글로벌과 고위드의 경우에서 살펴봤듯이, B2B 스타트업 홍보는 해당 스타트업의 IT 기술이 관련 산업에서 얼마나 많은 영향을 끼치고 어떤 역할을 하는지 그 '가치'를 부각시켜야 한다. 또 시대에 맞는 기업가치 변화를 통해 산업의 지형 변화나 코로나19와 같이 질서가 바뀌는 흐름을 적용해서 해당 기업이 어떤 기회를 만들고 있는지 제시할 수 있어야만 한다. 한마디로 기술이 어떻고 서비스가 어떤지에 대한 미시적인 메시지보다는 산업 전체를 바라보는 숲과 거대한 물결을 갖는 인사이트로 성장의 기회를 드러내는 것이 필요하다.

쿠팡도 초기 대출 못받아 고민
스타트업 대출 벽 확 허물었죠

김윤호 기자

스타트업을 위한 금융 스타트업 '고위드' 김항기 대표는 "디지털 혁명과 함께 금융도 다시 한번 변화할 때가 됐다. 스타트업이 금융을 통해 성장할 수 있는 길을 열고 싶다"고 말했다. 고위드는 스타트업 전용 법인카드를 지난해 출시한 데 이어 스타트업을 위한 대출을 준비 중이다.

"기업가치가 100조원으로 성장한 '쿠팡'도 은행 대출을 받지 못해 고전했습니다. 대부분의 스타트업은 법인카드도 발급받지 못하는 게 현실이죠. 성장하는 분야에 돈이 흘러들도록 도와주는 금융이 디지털 세상엔 아직 제대로 적용하지 못하고 있습니다."

스타트업을 위한 금융 서비스를 만들어 제공하는 고위드(gowid) 김항기(47) 대표는 증권사 애널리스트, 자산운용사 창업자 등을 거친 투자 전문가다. 사모펀드(알펜루트자산운용)의 창업자 겸 대표로 일할 때는 방탄소년단(BTS) 소속사 빅히트엔터테인먼트, 새벽배송 시장을 개척한 마켓컬리 등에 투자하며 '안목'을 인정받았다. 그는 지난해 2월 '스타트업을 위한 금융 스타트업'인 고위드를 출범시켰다. 최근 서울 강남구 신사동 사무실에서 만난 김 대표는 "벤처캐피털이 기업 가치를 1조원 넘게 평가하는 유망한 회사에 대해서도 기존 금융회사들은 그저 적자회사이라고 무시하고자금을 지원하지 않는다. 스타트업이라는 새로운 분야에 맞는 새로운 금융의 세계를 개척하고 싶다"라고 했다.

고위드의 첫 프로젝트는 스타트업 전용 법인카드다. 실시간 데이터, 인공지능(AI) 등 최근 빠르게 발전하는 디지털 기술을 활용해자체 개발한 신용 평가 모델을 쓴다. 신한카드·롯데카드 두 회사를 열심히 설득해 고위드의 심사 기법을 활용한 스타트업 법인카드 제휴를

따냈다. 지난해 8월 출시했는데 벌써 500개가 넘는 스타트업이 가입했다. 최근엔 애플 맥북 컴퓨터를 구독 형식으로 렌트하는 상품을 개발했다. 곧 출시를 앞두고 있다. 그는 "시장에서 기업가치를 1조원 정도로 인정받는 한 스타트업이 기존 카드사의 컴퓨터 리스(lease·장기 대여) 프로그램을 이용하려 했더니 '적자 회사'라고 거절당한 일이 최근 있었다. 이제 한국에서도 종사자가 100만명을 넘어선 스타트업이 성장해가는 단계가 기존 금융 회사의 심사 방식에 맞지 않아 생기는 일들이 여전히 많다"라고 말했다.

김 대표의 다음 목표는 스타트업 전용 대출이다. 초기에 점유율을 높이기 위해 광고 등에 막대한 돈을 쏟아부을 수밖에 없는 스타트업 특유의 성장 방식을 심사에 적용하기 위한 시스템을 개발 중이다. '성장을 위한 마케팅 비용'을 제외할 경우 스타트업이 흑자를 낸다고 판단되고, 마케팅 비용의 규모가 감당할 수 있는 수준이라면 대출을 받을 수 있게 할 계획이다. 역시 AI 기술이 접목된다. "1900년대 3차 산업혁명은 당장 이익이 나지 않는 회사라도 대출을 할 수 있도록, 당시로선 생소했던 (공장) 담보대출을 활성화한 계기가 됐습니다. 우리는 디지털 혁명이라는 거대한 변화의 한가운데를 지나고 있다고 생각합니다. 금융이 또 한 번 변신할 때가 되지 않았을까요."

김신영 기자

\ 《조선일보》 2021년 3월 26일자

6장

PR의 허들,
언론과의 커뮤니케이션

세상이 스스로 알아주는 스타트업은 결코 존재하지 않는다. 이 책은 알을 깨고 나오려는 스타트업과 세상을 연결해 주는 성장 파트너의 오랜 고민이 담긴 홍보 지침서이다. 물밑에서 치열하게 성장하고 있는 스타트업의 이름을 알리기 위해 노력하는 모든 분께 매우 유용한 책이 될 것이라 확신한다. ▪ **캡스톤파트너스 송은강 대표**

미디어,
시험대 혹은 전쟁터

몇십 년 동안 일궈 온 대기업이나 중견기업에 비해 인지도가 없다시피 한 스타트업을 기자들에게 처음 소개할 때는 마치 시험대에 선 것과도 같다. 유니콘 반열에 오른 스타트업 정도만 되도 의구심이 덜하지만, 이제 막 언론에 알려지기 시작한 스타트업은 기자들에게는 생소할 수밖에 없고 기사를 통해 언론사가 가진 신뢰를 얻고 가야 하기 때문에 필수적으로 검증해야만 하는 입장에 있다. 이 때문에 미디어에서는 대표를 직접 만나고 싶어 하고 인터뷰를 통해 과연 믿을 만한 기업인지 일종의 대면 검증을 한다. 이런 이유로 스타트업이 언론에 노출되기 시작하는 단계에서는

189

특히 대표 스스로가 적극적으로 메신저가 되어야 한다. 아무리 홍보대행사가 좋은 정보를 제공하고 설득한다 해도 기자들은 스타트업의 주인공인 대표의 말을 통해 확신을 얻고 싶어 하고 우호적인 여론으로 형성될 가능성도 높다.

특히 IT 스타트업을 담당한 기자들에 비해 기존 산업을 오래 취재한 기자들은 스타트업을 이해하기 앞서 더욱더 경계의 시선을 갖고 있다. 그래서 스타트업 E의 경우, 언론사의 금융 데스크를 공략하기 시작했다. 핀테크를 담당한 명석한 젊은 기자들이 아무리 발제를 해도 윗선인 데스크가 제대로 이해하지 못하면 담당 기자의 기사 발제가 거부당하고 무력화되기 때문이다. 홍보를 맡은 지 2개월쯤부터 모 중앙 언론사의 금융 데스크와 미팅을 했는데 뭔가 의구심을 거두지 못하는 인상이었다. 해당 금융 데스크는 오랫동안 정부의 금융 부처와 대형 은행들에 출입해 왔기 때문에 갑작스럽게 등장한 핀테크 스타트업, 특히 카드를 매개로 하는 스타트업에 대해서 미덥지 못한 시선을 갖는 것이 당연했다.

우리는 바로 해당 데스크와 고객사 대표의 만남을 주선했다. 이 자리에서 고객사 대표는 아주 열정적이고 겸손한 자세로 '금융의 본질과 데이터에 기반한 현재진행형 신용평가 모델'을 설명했다. 약 한 시간 반 동안의 미팅을 거치면서 의구심이 호기심과 신뢰로 바뀌고 있음을 분위기로 느낄 수 있었다. 담당 기자는 앞으로 그 고객사와 관련된 기사 발제를 훨씬 수월하게 할 수 있을 것이고 자연스럽게 좋은 기사로 이어지리라는 확신이 들었다.

스타트업 E 사례처럼 언론이 가진 스타트업에 대한 의구심은 대부분은 대표의 적극적인 자세와 참여로 해소될 수 있고 오히려 긍정적인 여론을 형성하는 가장 좋은 기회가 될 수 있다. 따라서 우리 고객사 대표들은 일부러 시간을 쪼개고 할애해 직접 메신저가 되는 상황에 적극 나서고 있다. 대표가 자신이 곧 기업이고 메신저라는 사실을 인정하고 나설 의지가 있을 때 홍보 효과가 극대화될 수 있다.

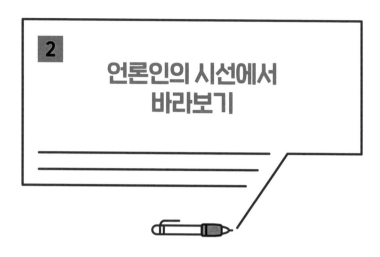

2

언론인의 시선에서 바라보기

"일방적으로 자기들 고객사의 서비스와 제품이 좋다고 마구 설명하는 대행사가 많은데, 선을만나다의 피칭은 항상 기자 입장을 잘 헤아려 주는 것 같습니다. 어떻게 해야 기사가 될지 고민하고 기획을 하는 것 같아요."

모 중앙지 기자가 했던 말이다. 미디어와 저널리스트의 시선을 갖춘 것은 우리 회사의 가장 큰 경쟁력 중 하나로, 15년간 방송작가를 하면서 쌓은 실무 경험 덕분이기도 하다. 언론인들이 무엇을 선호하는지 너무도 잘 파악하고 있기 때문에 그들 입장에서 생각하는 법을 터득하면서 우리 회사 직원들도 자연스럽게 영향을 받고 훈련하게 된 것 같다.

퍼블리시티, 즉 언론 홍보에 주력하는 우리에게 첫 번째 고객이자 설득 대상은 기자와 PD, 방송작가다. 아무리 좋은 기획 아이템이 있어도 결국 매체를 통해 기사화되어야 하는데 기사로서 가치가 있는지 고민하지 않을 수 없다. 유료 기사가 아니기 때문에 매체에서 기사화해도 좋을 만큼 가치를 갖고 기자들을 설득할 수 있어야 한다. 이 설득의 단계를 거쳤다고 해도 기사를 쓰는 대부분의 평기자들은 데스크에 발제하고 허락이 떨어져야만 취재하고 기사를 쓸 수 있다. 방송국의 경우 PD와 방송작가들을 설득하고 프로그램을 책임지는 EP^{Executive Producer}의 허락이 떨어져야만 방송 아이템으로 채택된다. 이런 프로세스를 충분히 감안해서 기자와 PD, 방송작가 들을 설득하고 발제해 취재 허락을 맡을 수 있는 기획 아이템을 제시해야만 한다.

미디어를 설득하기 위해서는 몇 가지 조건이 있다. 우선 일방적인 홍보 기삿거리가 아닌 기사로서의 가치를 반드시 지녀야만 한다. 이를 위해서는 대중의 눈높이에 맞게 기사화할 수 있는지에 대해 냉철한 판단이 필요하다. 너무 전문적이고 기술적이거나 보편성을 갖지 못하는 내용이라면 대중이 이해하는 기사가 될 수 없다. 특히 이 부분에서 고객사와의 이해관계가 다를 수 있는

데, 고객사 입장에서 아무리 중요하고 대단한 가치가 있는 것처럼 주장해도 현실적으로 기사화 가능한 사안인지 중립적으로 설득을 해야 한다. 지나치게 전문적인 내용도 대중적이고 보편성을 지닐 수 있는 관점으로 전환해 설득하는 것이야말로 대행사의 역량이다. 또 기자간담회나 보도자료 배포처럼 모든 언론을 대상으로 하는 사안이 아니라면, 한 곳의 매체에 실릴 수 있도록 조율해야 한다. 언론을 설득하기에 앞서, 기획성 아이템은 단독성을 지녀야 하고 특정 매체를 겨냥해야 하기 때문에 철저하게 조율하고 커뮤니케이션하는 과정이 필요하다. 그리고 너무 홍보성 짙은 냄새를 풍기지 않기 위해 관련 트렌드와 인용 가능한 통계자료, 서비스와 기술에 대한 예시도 있어야 한다.

우리 회사의 가장 오래된 고객사인 스파크랩의 경우, 국내에 엑셀러레이터란 개념을 사실상 처음 들여온 주인공이다. 따라서 2020년 11월 데모데이를 통해 우리는 스파크랩이 엑셀러레이터로서 지닌 위상을 보여 줄 기획기사를 준비했다. 엑셀러레이터법(중소기업창업 지원법 일부개정법률안) 제정 4년 만에 무려 3백여 개로 엑셀러레이터가 늘어나면서 다수의 자격 미달 사례가 생겨나는 논란을 두고 바람직한 방향을 제언하기 위해 허심탄회한 얘기가 오가는 장으로 삼았다. 이 기회를 위해 엑셀러레이터법 제정 절차와 근황을 설명하고, 스파크랩의 김유진 공동 대표 인터뷰와 스파크랩에서 육성한 스타트업인 펄핏^{Perfitt} 이선용 대표의 인터뷰를 마련했다. 그 결과 현장의 목소리를 담으면서도 바람직한 엑셀러레이터의 역할과 정부의 정책적 역할까지 제시하는 기사를 피칭할 수 있었다.

'내가 과연 기자라면 어떻게 기사를 쓸까?'라는 관점으로 콘셉트를 기획하는 훈련은 우리뿐만 아니라 어떤 홍보팀이든 해당되는 공통적인 학습 과정일 것이다. 미디어의 관점을 갖고 고객사의 성장 열매를 홍보의 기회로 만들어 낼 수 있도록 설득하고 조율하는 것이야말로 퍼블리시티 홍보에서 가장 중요한 자질이다. 그리고 이 과정에서 준비된 기획 자료들은 바쁜 기자들을 설득할 수 있는 가장 기본적인 제안서가 된다. 사실 우리 회사의 피칭 기획서는 그 자체만으로도 70~80퍼센트 정도 기사를 쓸 수 있는 완성도를 갖추고 있다. 여기에 기자의 취재가 얼마나 심도 있게 이뤄지느냐에 따라 기사의 비중이 확연하게 달라진다. 우리 회사의 피칭 기획서에는 고객사의 홍보 아이템과 관련된 트렌드 조사뿐만 아니라, 기사의 논리적 설득력을 가지는 각종 인용 가능한 통계들도 포함하고 있다. 또 고객사 기술과 서비스에 대한 차별성을 제시하고, 관련 업계 동향도 함께 보여 준다. 기자의 관점뿐 아니라 이를 뒷받침하는 탄탄한 기획 자료야말로 좋은 홍보를 할 수 있는 가장 유효한 무기가 아닐까 싶다.

3

기자와 신뢰 관계를 형성하라

기자와 홍보대행사와의 관계는 너무 멀어도 가까워도 안 되는 불가근불가원不可近不可遠 관계다. 서로 긴밀하게 연결되어 있으면서도 적절한 긴장이 필수적이다. 흔히 갑을관계처럼 여기기도 하지만 신뢰를 기반으로 한 관계에 가깝다. 기자 개개인이 아닌 기자가 속한 매체, 기사, 독자 및 시청자와의 신뢰를 담보로 하기 때문이다. 이런 이유로 적절한 긴장 관계인 동시에 미디어와 기자들에게 신뢰받을 수 있는 관계가 구축되어야만 한다.

해마다 연말연시가 되면 각 언론사의 정규 인사이동이 있다. 홍보대행사로서는 인사를 꼼꼼하게 챙겨 볼 수밖에 없다. 보도자료 배포와 기획 피칭 등 커뮤니케이션해야 할 사안이 많기에 기자들의 움직임을 세심하게 체크하는 것이 홍보대행사의 역할이다. 우리 회사의 경우 연말부터 기자들의 인사이동을 주시하고 빠르게 파악하는 편이다. 해당 부서를 떠나는 기자들이 부서를 옮겨 오는 기자들에게 마치 바통터치 하듯이 우리 회사를 소개하는 동시에, 부서를 떠나면서 감사했다고 이직 인사를 하는 경우도 상당하기 때문이다. 사실 기자와 홍보대행사 관계에서 아쉬울 수밖에 없는 쪽이 홍보대행사인데 서로 소개하고 이직 인사를 하는 관계가 된 것은 그만큼 신뢰받고 있다는 증거이기도 하다. 그렇다면 기자들과의 관계를 위해 어떤 일이 필요할까?

첫 번째는 수준 높고 한발 앞선 기획을 제시하는 것이다. 기자들은 매일같이 너무 많은 정보를 접하기 때문에 오히려 현상 이면의 흐름을 놓치는 경우가 종종 있다. 예를 들어, 2020년 말부터 신용평가 제도에 지각변동이 있었는데, 1985년 도입된 기업 신용평가 제도가 디지털 트랜스포메이션 시대를 반영하지 못하는 배경이 있었다. 우리 고객사인 고위드뿐만 아니라 네이버와 한국신용데이터 캐시노트도 기존 금융권에서 소외되었던 소기업과 자영업자들을 위한 새로운 신용평가 시스템을 만들었다. 여기에 개인 신용평가 제도가 2021년 1월 1일부터 1,000점 만점의 상대평가로 바뀌었고 디지털 풋 프린팅과 행동 분석을 통해 금융

소외계층을 위한 시스템도 수립됐다. 그동안 새로운 신용평가 제도가 개별적으로 보도됐지만 이것이 뜻하는 의미를 미디어에서 간과하고 있었기 때문에 우리는 신용평가의 지각변동을 기획 아이템으로 피칭했다. 물론 엄청나게 좋은 기사와 더불어 반향을 일으켰다. 이렇게 반 발 앞선 기획을 제시하다 보니 기자들이 먼저 우리에게 연락하고 새로운 정보와 인사이트를 얻기 위해 귀를 기울이기는 경우가 빈번하다. 결국 신뢰의 이미지와 관계를 쌓는 데 아주 유효한 역할을 하고 있다.

두 번째는 인적 네트워크를 연결할 수 있어야만 한다. 사람처럼 좋은 정보와 인사이트를 주는 매개체는 없고, 네트워크를 얼마나 확보했느냐가 좋은 기사와 직결되기도 한다. 이런 이유로 기자들도 양질의 정보와 인사이트를 얻기 위해 수시로 업계의 리더들과 만나고 싶어 한다. 우리 회사의 경우 대부분의 기자가 만나고 싶어 하는 고객사 대표들과의 자리를 일 년에 몇 차례 마련한다. 술자리가 아니라 마치 스터디 모임과도 같은 성격을 띠기도 한다. 이 자리에서 기자들이 선호할 만한 인사이트 넘치는 트렌드를 제시하고 기업이 가진 성장 스텝에 대해도 얘기하면서, 신뢰의 관계를 만들고 주요한 피칭의 계기가 되기도 한다. 그리고 이 만남을 토대로 기자가 취재하면서 대표들에게 관련 사안이 있을 때 믿고 의견을 구할 수 있는 일종의 자문 역할을 요청하는 등 관계가 깊어진다. 듣고 싶어 하는 얘기, 필요로 하는 정보와 인사이트를 줄 수 있는 사람과의 만남은 신뢰를 쌓아 가는 아주 좋은 촉매제가 된다.

세 번째는 빠른 응대와 밀착 커뮤니케이션이다. 언론인은 '마감이 마감을 한다'고 표현할 만큼 항상 데드라인을 염두에 두는 직업군이기에 이들의 업무 스타일을 잘 파악해야 한다. 특히 우리 고객사의 기사를 쓸 때는 마치 옆에 있는 것처럼 요청하는 자료나 데이터와 팩트 등을 제공해야만 한다. 무엇보다 기사화를 전제로 해서 수정이 필요 없을 만큼 정확한 데이터와 팩트를 제시해 취재의 편의성을 최대한 높여 주는 것이 좋다. 예를 들어, 스타트업 코너를 진행하는 모 앵커의 경우, 아주 세심하고 철저하게 준비하기 때문에 우리 고객사의 방송을 앞두고 있을 때만큼은 사소한 궁금증이라도 충분하게 해소할 수 있도록 밤낮을 가리지 않고 수시로 커뮤니케이션한다. 이 과정에서 우리 고객사에 유리한 메시지를 자연스럽게 전달할 수 있도록 하기도 한다. 이런 세심하고 빠른 응대를 통해 준비된 대행사로서의 이미지를 구축하고 동시에 신뢰를 형성할 수 있다.

4

언론 노출은 전략적으로!

언론 노출은 인터뷰와 기획기사처럼 직접화법이 대부분이지만 경우에 따라서 간접화법을 구사하기도 한다. 특히 고객사의 주요 비즈니스와 연관 지어서 미디어가 신뢰하고 선호할 수 있는 글로벌기업이나 학계 또는 정부 기관의 인물을 발굴해 기사화하기도 한다. 이른바 수퍼 인플루언서를 통해 고객사의 성과를 말함으로써 홍보 효과를 극대화시키는 것이다.

헬스케어 스타트업 스카이랩스가 가장 적확하게 들어맞는 간접화법 홍보 사례이다. 스카이랩스는 세계 최초로 반지형 심방세동 측정기기인 카트원[Cart1]을 개발했다. 특히 2019년에는 유럽심장학회의 디지털헬스 분야에서 연속 2회 수상하고, 미국부정맥학회에서 국내 최초로 '젊은 연구자상'을 차지했으며, 2020년 8월 유럽의료기기 품목허가CE-MDD를 취득하는 등 이미 글로벌 심장학회의 인정을 받았다. 이와 관련해 2021년 1월, 영국 옥스퍼드 대학교에서 무려 3천 명을 대상으로 하는 임상 연구를 실시한다고 발표했다. 이 연구는 글로벌기업인 애플 사가 만든 애플워치와의 비교연구라는 점에서도 의미가 깊었다. 우리는 이 연구를 주도하는 옥스퍼드 대학교의 티머시 베츠 교수의 인터뷰를 기사화하기로 했다.

티머시 베츠 교수는 심혈관 분야의 임상과 연구를 이끄는 세계적인 심장 전문의로 글로벌 헬스케어 업계에서 명성이 매우 높고 이번 실험을 홍보하기에 최적의 인물이었다. 아직은 글로벌 인지도가 적은 헬스케어 스타트업 스카이랩스의 우수성을 보여주기에 가장 효과적인 기회라고 생각했다. 워낙 의학적인 지식이 요구되는 내용이라 인터뷰 요청부터 기사화까지 거의 한 달이 소요되고, 전문성이 드러나면서도 대중적인 설득력을 얻기 위해 질문 선정부터 번역까지 엄청난 공을 들였다. 그 결과, 베츠 교수의 인터뷰 기사는 아주 성공적이었다. 인터뷰에서 그는 "2019년 영국부정맥학회에 참가한 스카이랩스 팀을 처음 만났고, 카트원을 사용해 봤는데 실제로 작동 기술을 보고 흥분을 멈출 수 없었다."

세계 첫 반지형 의료측정기기
英서 2천~3천명 대규모 임상

스타트업 스카이랩스 '카트원'

"오는 4~5월 의료기기 스타트업 스카이랩스의 반지형 심방세동(심방 잔떨림) 측정기 '카트원'으로 영국에서 대규모 임상을 시작한다."

티머시 베츠 옥스퍼드대 교수(사진)는 매일경제와 진행한 이메일 인터뷰에서 "영국에서 심방세동 환자를 대상으로 3단계로 나눠 '카트원'(사진)의 심방세동 감지 기술을 면밀히 테스트할 것"이라며 "4~5월 환자 선별에 들어가 내년 3월께 임상을 마무리할 계획"이라고 밝혔다.

카트원은 스타트업 스카이랩스가 국내 최초로 개발한 반지(ring)형 심장 모니터링 웨어러블 기기다. 무게 4.6g의 카트원을 손가락에 끼우면 광학센서(PPG)를 통해 심전도와 심방

현지 환자대상 3단계 임상
옥스퍼드대학 베츠 교수
"뛰어난 성능 부각될 것"

세동 등을 24시간 연속 측정할 수 있다. 유럽심장학회(ESC)가 2018년부터 2년 연속 디지털 헬스 분야 1위 기기로 선정한 제품이다.

베츠 교수는 "임상 첫 단계로 카트원이 스마트폰을 매개로 환자들과 얼마나 효과적으로 소통할 수 있는지, 환자들이 카트원에서 전달받은 정보를 얼마나 정확히 인지하는지부터 관찰할 것"이라며 "분명히 성공적인 결과를 보일 것"이라고 기대했다. 그러면서 "다음 단계에서는 환자 50명에게 카트원으로 언제 항혈액응고제를 복용하고 언제 중단할지 시험할 텐데 이 단계가 성공적일 경우 최종 2000~3000명을 대상으로 카트원 안내에 따라 필요한 시점에 항혈액응고제를 복용하는 방식을 시험할 것"이라고 설명했다.

베츠 교수는 옥스퍼드대 심혈관 분야 임상·연구 리더로 세계적인 심장전문의다. 그가 이끄는 이번 임상은 항혈액응고제를 심방세동 발생 시에만 복용하고 심장박동이 정상일 때는 복용하지 않는다는 새 아이디어가 효과적인지 시험하기 위한 것이다. 심방세동

은 심장이 비정상적인 리듬으로 뛰는 것으로 심장에 심각한 혈전을 유발할 수 있다. 혈전이 뇌로 들어가면 뇌졸중이 발생하는데, 이를 막기 위해 심방세동 환자들은 항혈액응고제를 매일 복용해야 했다.

베츠 교수는 "항혈액응고제 처방으로 '혈액을 묽게' 하고 혈전과 뇌졸중을 예방할 수 있지만 가격이 비싼 데다 출혈 위험이 높아진다는 한계가 컸다"며 "대다수 심방세동 환자는 언제 불시에 증상이 출현할지 모르기 때문에 이를 정확히 모니터링하고 감지하는 게 중요하다"고 강조했다. 이어 "반지 형태 카트원과 스마트폰 애플리케이션이 완벽한 시스템을 이뤄 이 문제를 해결할 수 있을 것"이라며 "피부 아래에 삽입하는 침습형 심장 모니터링 기기 '링크II'와 손목에 착용하는 '애플워치'도 같이 실험할 텐데, 사람들이 시계보다 반지를 더 오래 착용하는 경향이 있어 카트원의 훌륭한 성능이 부각될 것"이라고 기대했다.

베츠 교수는 2019년 영국부정맥학회에 참가한 스카이랩스팀을 처음 만나 카트원을 사용해봤다고 전했다. 그는 "실제로 작동하는 그 기술을 보고 흥분을 감출 수 없었다"며 "당시 우리가 찾던 것은 작고 환자가 쓰기 편한 심방세동 감지 장치로 스마트폰과 연동이 가능한 제품이었는데 카트원이 여기에 완벽히 들어맞았다"고 말했다.

카트원은 최근 종근당케어리는 온라인 쇼핑몰을 통해 개인 판매(B2C)를 시작했다. 해외 판매는 계약 내용을 논의 중인 단계로, 독일에서 시작해 영국 등 유럽 곳곳으로 판매가 확대될 것으로 전망된다.

유럽 외에 아시아 중남미 중동 아프리카 러시아를 포함한 독립국가연합(CIS) 등도 판권 계약을 논의 중인데, 올 하반기 미국 식품의약국(FDA) 허가가 나면 미국 판로 역시 본격화될 것으로 보인다. 올해 100억원대 매출을 올리는 것이 목표로 이후 매년 50~100% 이상 급성장할 것으로 기대하고 있다.

김시균 기자

《매일경제》 2021년 2월 18일자

라며 소감을 전했다. "당시 연구 팀이 찾던 것은 더 작고 환자가 쓰기 편한 심방세동 감지 장치로 스마트폰과 연동이 가능한 제품이었는데, 카트원이 여기에 완벽히 들어맞았다."라며 스카이랩스의 카트원을 사용하게 된 연유를 밝혔다. 또 반지 형태의 카트원과 스마트폰 애플리케이션이 완벽한 시스템을 이뤄 불시에 증상이 나타나는 심방세동 환자들을 모니터링하고 감지하는 문제를 해결할 수 있을 것이라면서, 손목에 착용하는 애플워치도 동시에 실험하지만, 일반적으로 사람들이 시계보다 반지를 더 오래 착용하는 경향이 있어 카트원의 훌륭한 성능이 부각될 것이라는 기대를 드러냈다. 베츠 교수의 인터뷰 기사는 스카이랩스 제품의 우수성이 세계적으로 인정받고 있다는 사실을 대중적으로 드러내면서도 제품 구매의 첫 번째 의사결정권자인 의사 집단과 헬스케어 업계에서도 주목받는 기사가 됐다.

5 미디어의 기대감을 쌓는 노하우

종종 기자들로부터 "요즘 그 스타트업 어때요?"라는 질문을 받는다. 그럴 때를 대비해 구체적인 성장 데이터를 통해 설명할 수 있도록 수시로 준비하고 있다. 성장을 위해 어떤 준비를 하고 있는지 함께 전해진다면 일단 좋은 기사를 쓸 수 있는 설득의 고리가 생기는 셈이고, 기자가 염두에 두고 관심 반경에 포함시킬 수 있다. 스타트업의 빛나는 가치는 결국 성장에서 찾아야 하는데 성장 그래프에 숨어 있는 가치를 찾아내는 것이야말로 퍼블리시티 홍보의 역할이기도 하다. 때문에 우리는 수시로 고객사에 가치를 보여 줄 데이터를 요청하게 된다. 물론 이를 따라오지 못하는 경우도 종종 생겨난다. 내부에서 가치를 보여 줄 데이터를 제공할 만한 역량을 갖추지 못하거나, 대표가 자사의 데이터에 대해 지극히 보수적인 경우도 있다. 이런 스타트업들의 공통점은 성장의 가치를 보여 줄 수 있는 데이터와 모멘텀을 외면하고 프로모션에 치중한 단순 홍보에만 매몰된다는 것이다.

우리는 성장 데이터와 비즈니스 성과를 중심으로 하는 보도자료와 프로모션 보도자료의 균형을 맞춰 보도자료를 내는 것을 권유한다. 하지만 서비스나 제품의 구매 유도를 위한 프로모션용 보도자료만 내다 보면 자연스럽게 매체들로부터 외면받게 된다. 매체에서 개제할 가치가 없고 이런 일이 반복되다 보면 기대감이 현저하게 떨어지면서 결국에는 외면받는 지경에 이르는 것이다.

만 3년 동안 홍보를 진행하다가 2021년 3월 홍보를 잠시 중단한 스타트업 A의 경우는 참으로 안타까운 사례이기도 하다. A를 처음 맡게 될 당시엔 스타트업 서비스가 수도권지역에만 한정됐지만 1년쯤 지나면서 전국 10개 도시로 확대됐다. 사용자가 증가하면서 이를 바탕으로 수익성을 올릴 수 있는 다양한 서비스로 확장한 것이다. 말 그대로 어엿한 서비스 플랫폼으로 성장하고 있었다. 우리는 이 스타트업의 성장과 가치를 보여 줄 수 있는 홍보를 위해 다양한 데이터와 스토리 그리고 전문성 있는 정보를 요청했다. 하지만 번번이 이 요청은 무산됐고 커뮤니케이션 담당자들을 설득하면서 한계에 부딪히곤 했다. 우선 대표가 스피커로서 나서는 것을 꺼렸고 외부에 성장 데이터가 공개되는 것을 극히 조심스러워했다. 2021년 미디어 발표에는 2019년 1월에 발표된 데이터가 그대로 있었고, 2020년 가을 거래액 데이터만 한 번 발표됐을 뿐이다. A 대표의 이런 기조는 홍보의 창구였던 마케팅 팀에도 그대로 이어져서 아무리 설득해도 프로모션용 보도자료 수준의 홍보밖에 할 수 없었다.

2020년 1분기에 코로나19 위기를 타개하기 위한 여러 가지 서비스를 내놨고, 팬데믹 관련 아이템을 찾는 미디어가 폭발적으로 증가하면서 우리는 정말 다양한 각도에서 이 회사의 서비스를 포함시켜 홍보를 펼쳤다. 그럼에도 본질적인 상황은 바뀌지 않았다. 프로모션용 보도자료로는 도저히 성장과 가치를 보여 줄 수 없었기 때문이다. 기자 미팅에서도 스타트업 A에 대해 말할 수 있는 사안이 거의 없었다. 우리는 스타트업 A 투자자에게 이런 상황을 알리면서까지 변화를 이끌어 내려고 애썼지만 어찌된 일인지 이런 노력은 수포로 돌아갔다.

원래 스타트업 A는 2018년 9월 실리콘밸리 벤처캐피털에서 100억 원에 가까운 시리즈 A 투자를 유치했었다. 그리고 2020년 초부터 시리즈 B 투자 유치를 위한 IR을 시작했다. 하지만 1년 가까이 투자 유치가 이루어지지 않아 난항을 겪고 있다는 점을 우리도 미루어 짐작하고 있었다. 시리즈 B 투자 유치 역시 실리콘 밸리 측에서 받기를 원했지만 코로나19라는 제어할 수 없는 사태가 발생하고 투자 유치 IR을 시작한 지 1년째 답보 상태를 겪고 있었다. 그런데 2021년 1월, 스타트업 C 대표에게서 스타트업 A의 경쟁사인 B가 IR에 나서면서 공공연하게 업계 1위라고 내세워 2백억 원 규모의 투자 목표로 투자자를 설득하고 있다는 소식을 듣게 됐다. A가 전국 서비스를 실시하고 서비스 객단가가 몇 배 높은 관련 서비스를 십여 가지나 하고 있기 때문에 B가 업계 1위라고 주장하는 것은 상당히 문제가 있어 보였다. 더욱이 투자 유치를 통해 대규모 마케팅을 벌일 경우 A에 타격을 줄 것이라는 판단이 섰다.

우리는 A 대표에게 경쟁사 B의 움직임을 즉시 알리고 상황의 중대성과 대책의 시급성을 전달하며 성장 데이터를 제공할 것을 설득했다. 그러자 A 대표는 지난 2년 가까이 견지해 온 입장에서 벗어나 그야말로 빛의 속도로 성장 데이터를 우리에게 보냈다. 이 성장 데이터를 받고 도대체 무엇 때문에 이렇게 엄청난 성장 데이터를 꽁꽁 숨기고 발표하지 않았는지 이해가 되지 않았다. 우리는 C 대표를 통해 경쟁사 B가 접촉한 벤처캐피털에 A의 실적을 전달하고 B가 허위 정보로 투자 유치에 나섰음을 알렸다. 그 결과 A의 데이터를 전달받은 벤처캐피털 두 곳은 B에 대한 투자를 철회해 버렸다.

　스타트업 A가 성장 데이터를 좀 더 일찍 공개하고 좋은 기사로 홍보했다면 과연 경쟁사인 B사가 함부로 업계 1위라고 나서며 투자 유치 활동을 할 수 있었을까? 더욱이 A가 성장 데이터를 적시에 공개하고 A의 가치를 보여 줄 수 있는 서비스의 전문성과 스토리를 진작 알렸더라면 1년 가까이 투자 유치에 애썼는데 잘되지 않은 상황이 계속됐을까 싶다. 홍보가 스타트업 성장에 결정적 요소는 아니지만 긍정적 여론을 형성하고, 이해관계자들의 의사결정에 영향을 끼칠 수 있는 필수불가결한 요소인 것만은 틀림없다. 이런 점에서 미디어의 기대감을 자극하고, 이를 통해 좋은 기사로 이어질 수 있게 하는 적극적인 커뮤니케이션이 스타트업 성장을 위해 얼마나 중요한 일인지 증명하고 있는 듯하다.

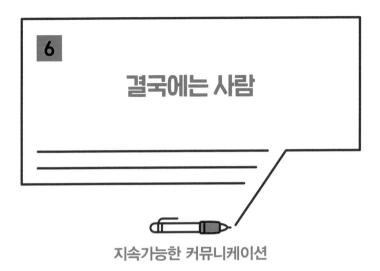

결국에는 사람

지속가능한 커뮤니케이션

2008년 6월 회사를 설립하고 몇 가지 원칙을 세웠다. 그중 하나는 우리 회사 식구들을 저녁 술자리에 참석하게 하는 것을 원천적으로 금하고 술자리나 골프장 등에서의 기형적인 접대를 하지 않기로 한 것이다. 더욱이 우리 회사는 징검다리 연휴는 물론이고 연말 12월 25일부터 새해 1월 1일까지 안식휴가를 실시하고 있다. 기형적 접대 관행을 없앤 것은 대행사는 고객사와 기자, PD 등 미디어 종사자에게 아무래도 '을'의 위치에 있을 수밖에 없고 이로 인해서 불거지는 불미스러운 일을 사전에 차단하고자 하는 의지였다. 다행스럽게도 코로나19 때문에 저녁 술 접대 같은 관행이 거의 사라졌지만, 우리 회사 식구 중에도 전직장에서의 불합리한 관행 때문에 성희롱 같은 일을 겪고 마음의 상처를 입은 경우가 종종 있는 것이 현실이다. 회사를 세우고 얼마 되지 않았을 때 우리 회사의 이런 원칙에 '고상을 떤다'고 비웃음을 보낸 모 홍보대행사 대표도 있었지만, 나는 이런 원칙을 지키면서도 홍보대행사를 경영할 수 있다는 것을 증명하고 싶었기에 무진 애를 썼다.

언론인과의 관계는 일을 중심으로 할 수밖에 없지만 서로의 입장을 고려한 다양한 방식의 인간적인 만남이야말로 관계의 지속가능성을 유지하는 열쇠인 것 같다. 이를 위해서 해법으로 찾은 것이 바로 '관심'이다. 매체에 기사가 나면 감사 인사는 물론이고, 매일 신문을 보면서 꼭 우리 기사를 쓰지 않더라도 우리와 교류하는 기자들이 어떤 기사를 쓰는지 살펴본다. 또 네이버 등 포털사이트에 구독 알림을 설정하고 실시간으로 어떤 기사를 썼는지 확인해 보고 메모해 둔다. 기록한 메모는 근무가 끝나고 한가해진 시간에 기사에 대한 피드백 메시지로 보낸다. 이렇게 하게 되면 기자들이 무엇에 관심을 두고 있고 어떤 성향인지 파악하는 데 도움을 줄 뿐만 아니라, 관심을 표할 수 있는 가장 효과적인 열쇠가 된다. 가족과 친구도 기사에 이렇게 적극적인 관심을 보이는 경우는 거의 없을 것이다. 이렇게 기사에 관심을 표하면 대부분의 기자들은 감사로 답하고 이를 통해 일종의 공감대가 형성되는 것을 느끼곤 한다. 이런 효과에 대해 우스갯소리로 '밥 백 번, 술 백 번 사는 것보다 관심 문자 한 번이 낫다'고 얘기하곤 한다. 한편 소셜미디어(주로 페이스북)로 친구를 맺고 기자들이 올린 이야기와 사진, 영상에 관심을 표하기도 한다. 이를 통해 직접 대면하지 않아도 서로를 관심의 반경에 두는 효과를 낼 수 있고 일을 떠나 인간적으로도 이해할 수 있는 작은 단초가 된다.

나만의 관심 표현은 단순히 개인을 떠나 기사화가 된 해당 스타트업의 대표들에게도 공통적으로 권하고 있다. 기사화가 되면 반드시 당일 오전에 해당 스타트업 대표한테 기사를 쓴 기자에게 감사 인사를 전하라고 권유 문자를 보내고, 기자의 연락처를 한 번 더 공유해서 약간의 압박감을 느끼도록 하고 있다. 이렇게 할 경우, 전화를 받은 기자들은 해당 대표들에게 직접 전화를 받은 것에 대해 호감을 표시하는 피드백을 하곤 한다. 홍보와 기사를 통해 맺어진 인연이지만 관심과 감사를 통해 인간적 유대감을 형성하는 계기가 마련된다.

또 한 가지 있다면, 미팅 후 사무실로 복귀하는 방향이 같다면 조금 돌아가더라도 일부러 동승해 얘기 나눌 기회를 마련하기도 한다. 차 안이라는 아주 사적인 공간인 데다가 가까이에서 잠깐이나마 함께할 수 있기 때문에 조직 내 속상한 일이나 커리어에서의 고민 등 의외의 속내를 내보이는 경우가 꽤 있고 이를 통해 인간적으로 가까워질 수 있는 공감대도 형성된다. 그리고 반드시 우리 회사와 관련된 일이 아니더라도 기자들이 기사에 필요한 섭외나 정보제공 등의 도움을 요청할 경우 힘닿는 한 도움을 주려고 노력하고 있다. 당장은 도움을 주는 입장이지만 어느새 나도 모르게 의도하지 않아도 스타트업계 정보를 얻을 수 있는 유력한 휴먼 플랫폼이 되는 효과를 낼 수 있다.

이처럼 기자와 PD 등 미디어 종사자들은 처음에는 일로 인해 만나지만 일을 뛰어넘어 길게 보고 함께하는 협력자로서의 관계가 형성되기 위해 부지런한 관심이 필요하다. 나름의 원칙과 꾸준하게 배려하는 관심이야말로 관계의 지속가능성을 형성할 수 있는 유효한 열쇠임을 홍보의 최일선에서 매 순간 깨닫고 있다.